WEKA ——————————————— PRAXISLÖSUNGEN

Eckhard Lade
Gabriele Scheremetjew

Physik unterrichten:

Optik – Warum ist der Himmel blau?

IMPRESSUM

Bibliografische Information Der Deutschen Bibliothek
Die Deutsche Bibliothek verzeichnet diese Publikation in der
Deutschen Nationalbibliografie; detaillierte bibliografische
Daten sind im Internet über http://dnb.ddb.de abrufbar.

© Oktober 2005 by WEKA MEDIA GmbH & Co. KG

Alle Rechte vorbehalten. Nachdruck und Vervielfältigung
– auch auszugsweise – nicht gestattet.

Wichtiger Hinweis
Die WEKA MEDIA GmbH & Co. KG ist bemüht, ihre Produkte jeweils nach
neuesten Erkenntnissen zu erstellen. Deren Richtigkeit sowie inhaltliche und
technische Fehlerfreiheit werden ausdrücklich nicht zugesichert. Die WEKA
MEDIA GmbH & Co. KG gibt auch keine Zusicherung für die Anwendbarkeit
bzw. Verwendbarkeit ihrer Produkte zu einem bestimmten Zweck. Die
Auswahl der Ware, deren Einsatz und Nutzung fallen ausschließlich in den
Verantwortungsbereich des Kunden.

WEKA MEDIA GmbH & Co. KG
Sitz in Kissing
Registergericht Augsburg
HRA 13940

Persönlich haftende Gesellschafterin:
WEKA MEDIA Beteiligungs-GmbH
Sitz in Kissing
Registergericht Augsburg
HRB 9723
Geschäftsführer: Lutz Bandte, Dr. Richard Behnisch,
Niklas Friedrichsen, Christian Glaser, Werner Müller

WEKA MEDIA GmbH & Co. KG
Römerstraße 4, D-86438 Kissing
Fon +49.82 33.23-40 04
Fax +49.82 33.23-74 00
kundenservice@weka.de
www.weka.de

Umschlag geschützt als Geschmacksmuster der
WEKA MEDIA GmbH & Co. KG
Satz: Satzstudio 90 (A. Kretschmer), Wittelsbacher Str. 18, D-86556 Kühbach
Druck: VeBu Druck + Medien GmbH, Am Reutele 18, 88427 Bad Schussenried
Printed in Germany 2005

ISBN 3-8276-7328-3

Vorwort

Warum ist der Himmel blau?

Leserin, lieber Leser,

sicher haben Ihre Schülerinnen und Schüler Ihnen schon einmal die Frage gestellt, wie die unterschiedlichen Blautöne des Himmels zustande kommen oder woher der Himmel seine zauberhaften Farben bekommt. Dieses **Phänomen der Blaufärbung** des klaren Himmels beschäftigt seit Jahrhunderten berühmte Gelehrte und Wissenschaftler.

Mithilfe der ausgearbeiteten Unterrichtssequenzen in diesem Themenband können Sie mit Ihren Schülerinnen und Schülern diesen Fragen nachgehen. Dabei haben Sie die Möglichkeit, das auf ganz unterschiedliche Art und Weise zu tun. Lassen Sie die Jugendlichen mithilfe von **Stillarbeit, Textarbeit, Partnerarbeit und Schülerversuchen** selbst aktiv werden oder führen Sie interessante Demonstrationsexperimente durch.

Es kostet Sie auch nicht viel Zeit, Ihre Schülerinnen und Schüler auf den erforderlichen Wissensstand zu diesem Thema zu bringen. Mit Hilfe von **Projekt- und Gruppenarbeit** können Sie z.B. die Themen Wellenmodell des Lichtes und Spektralanalyse bearbeiten.

Die zu diesem Themenband gehörende **CD-ROM** enthält alle **fertig ausgearbeiteten Arbeits- und Aufgabenblätter** und interessante Zusatzmaterialien.

Ich wünsche Ihnen und Ihren Schülern viel Spaß beim Einsatz der neuen Unterrichtsideen.

Freundliche Grüße aus Kissing,
Ihre

Gabriele Scheremetjew
Herausgeberin

PS: Kennen Sie schon unseren neuen kostenlosen **E-Mail-Infoletter „Lehrer sein"**?
Nein. Dann melden Sie sich doch gleich an auf unserer Internetseite www.lehrer-sein.de.

Vorwort
Seite 4

Inhaltsverzeichnis

	Konzeption und Benutzerhinweise	7
	Redaktion und Autoren	9
	Inhalt und Nutzung der CD-ROM	11
	Stichwortverzeichnis	13
1	Das Wellenmodell des Lichts	15
2	Das Spektrum elektromagnetischer Strahlung	27
3	Spektralanalyse	35
4	Warum ist der Himmel blau?	41
5	Die Farben des Himmels	59
6	Phänomenbeschreibung: Himmelblau und Abendrot – Streuung von Licht	69
7	Weiterführende Aufgaben	73

Inhaltsverzeichnis
Seite 6

Konzeption und Benutzerhinweise

Symbole   Jede Unterrichtsstunde ist in unterschiedlicher Tiefe dargestellt, welche durch ein entsprechendes Symbol gekennzeichnet ist.

Einführend: Es handelt sich um eine Unterrichtseinheit, mittels derer ein Thema eingeführt werden kann.

Vertiefend: Diese Unterrichtssequenz bietet sich an, um ein Thema vertiefend zu behandeln.
Methodenvielfalt

Das Handbuch gibt der Lehrkraft eine Sammlung von unterschiedlichen Methoden an die Hand, je nachdem, ob sie ein Thema z.B. durch moderierten Unterricht, Stationenlernen oder Gruppenpuzzle behandeln will.
Jede Methode ist ebenfalls mit einem Symbol gekennzeichnet.

Schülerexperimente

Einzelarbeit – Stillarbeit

Demonstrationsexperimente

Gruppenarbeit – Gruppenpuzzle – Partnerarbeit

Frontalunterricht – Lehrervortrag

Matrix   Eine übersichtliche Matrix für jeden Themenblock, zu finden auf der beiliegenden **CD-ROM**, zeigt auf einen Blick,
- welche Themen mit welchen Methoden behandelt werden,
- in welcher Tiefe der Stoff behandelt wird,
- welche Materialien im Handbuch dafür zur Verfügung stehen und
- welche zusätzlichen Arbeitsutensilien noch benötigt werden.

Persönlicher Stil der Autoren   Das Handbuch enthält Unterrichtssequenzen verschiedener Autoren mit unterschiedlicher Prägung. Alle Autoren sind Lehrkräfte und haben ihre Unterrichtserfahrung in verschiedenen Bereichen gesammelt. So kann sichergestellt sein, dass die vorgeschlagenen Modelle erprobt sind. Das Anliegen des Herausgebers ist sicherlich erkennbar: die persönlichen Stile der Autoren nicht zu sehr einzuschränken. Eine Angleichung ist lediglich in der Struktur der Beiträge zur leichteren Nutzung erfolgt.

Jeder Beitrag ist nach der folgenden Gliederung aufgebaut:
- erforderlicher Wissensstand
- Lernziele der Unterrichtssequenz
- Vernetzungsmöglichkeiten mit anderen Fächern
- Unterrichtsmethode
- Hinweis auf benötigte Materialien
- Hinweise für den Lehrer
- Unterrichtsverlauf

Anschließend sind Arbeitsblätter, Aufgabenblätter mit entsprechenden Lösungsblättern, Kopier- bzw. Folienvorlagen, Tafelbilder und andere Materialien beigefügt.

Medieneinsatz Alle im Handbuch enthaltenen Arbeitsblätter und zusätzliche sind auf der beiliegenden CD-ROM enthalten und können somit individuell bearbeitet und angepasst werden, z.B. für den Einsatz in Parallelklassen.

Ihre Meinung ist gefragt Gerne reagieren wir auf Ihre Wünsche und Anregungen. Für Ihre Vorschläge und Ihre Kritik haben Herausgeber und Redaktion jederzeit ein offenes Ohr.

Nehmen Sie bitte auch Kontakt unter **redaktion-schule@weka.de** mit uns auf, wenn Ihnen eine Unterrichtssequenz für eine Veröffentlichung geeignet erscheint.

Redaktion und Autoren

Herausgeber   **Redaktionelle Verantwortung**
ABC-CENTRAL-REDAKTION
Eckhard Lade
Publizist und Fachbuchlektor, 23-jährige Schulerfahrung
in der Sekundarstufe I und II
Birkenweg 7/Haus Edith
79682 Todtmoos-Prestenberg
Telefon: (0 76 74) 92 20 20
Telefax: (0 76 74) 92 20 22
E-Mail: eckhard.lade@t-online.de
Bürozeiten: 7.30–11.30 Uhr und 14.30–18.30 Uhr

Gabriele Scheremetjew
Diplomlehrerin für Mathematik und Physik, stellvertretende
Schulleiterin am J.G.-Herder-Gymnasium in Halle/Saale
Straße der Einheit 22a
06118 Halle/Saale

Autoren der Unterrichtssequenzen   *Karsten Beuche*
Ausbildung: Lehrer für Physik, Astronomie und Informatik, Studium von 1979–1983 an der FSU Jena und von 2000–2003 an der TU Chemnitz.
Beruf: Seit 1983 als Lehrer tätig, seit 1990 am Martin-Rinckart-Gymnasium Ellenburg (http://mrge.de)
Weitere Informationen: http://physikaufgaben.de
Autor des Beitrags: 7. „Weiterführende Aufgaben"

Dr. Hans-Jürgen Föckel
Studienrat am Institut für Theoretische Physik an der TU Dresden, 25-jährige Erfahrung bei der fachlichen und didaktischen Ausbildung von Mittelschul- und Gymnasiallehrern für Physik und Mathematik an der PH Dresden
Autor des Beitrags: 4. „Warum ist der Himmel blau?"

Claudia Ried
Studienrätin z.A. für Physik und Mathematik
Autorin des Beitrags: 5. „Die Farben des Himmels"

Dr. Holger Schmitz
Autor der Beiträge: 1. „Das Wellenmodel des Lichts", 2. „Das Spektrum elektromagnetischer Strahlung", 3. „Spektralanalyse", 6. „Phänomenbeschreibung: Himmelblau und Abendrot – Streuung von Licht"

Redaktion und Autoren
Seite 10

Inhalt und Nutzung der CD-ROM

Inhalt

Auf der CD-ROM finden Sie alle Arbeitsblätter, Kopiervorlagen und Materialien, die Sie bequem ausdrucken und bearbeiten können.

Matrix Eine übersichtliche Matrix für jeden Themenblock zeigt auf einen Blick,
- welche Themen bereits veröffentlicht wurden,
- in welcher Tiefe der Unterrichtsstoff behandelt wird und
- welche Materialien im Handbuch und zusätzlich auf der CD-ROM dafür zur Verfügung stehen.

Allgemeines

Um Ihnen den Umgang mit der CD-ROM zu erleichtern, haben wir nachfolgend ein paar wichtige Informationen und Tipps aufgeführt.

Installations- und Programmhinweise

Die Programmoberfläche wird immer auf der Festplatte installiert, um einen reibungslosen Programmablauf zu gewährleisten. Die Programmoberfläche benötigt ca. 14 MB Speicherplatz und wird automatisch aktualisiert.

Installation Starten Sie Windows, ohne dass eine andere Anwendung aktiviert wird (keine Programme im Autostart). Starten Sie das Installationsprogramm (Setup.exe) auf der CD-ROM.

Technische Daten
Betriebssystem: WIN 95/98/ME, Windows NT 4.0/2000, Windows XP
System: Pentium-Prozessor
32 MB RAM (Arbeitsspeicher)
Festplattenspeicher: 14 MB für die Programmoberfläche und individueller Platz für Anwendungsdateien
Grafik: Auflösung mindestens 800 x 600 Bildpunkte/256 Farben (8 Bit)

Programmstart

Wenn Sie die Pfade nicht verändern, können Sie die Software starten unter dem Startbutton (links unten):

Start/Programme/WEKA Software/

Hier gibt es dann zwei Möglichkeiten:
1. Physik Sammler
   Hier finden Sie alle Produkte, die Sie aus dieser Reihe installiert haben, unter einer Oberfläche zusammengefasst. Das hat für Sie den Vorteil, dass Sie über alle Produkte suchen können.
2. Physik unterrichten/Physik unterrichten
   Wenn Sie mehrere Produkte aus dieser Reihe installiert haben, öffnet sich hier nur das Einzelwerk.

Freischaltung der CD-ROM

Diese CD-ROM ist mit einem Freischaltcode geschützt. Die Freischaltung erfolgt über den Menüpunkt „Extras/Freischaltcode". Dort wählen Sie das Produkt aus, das Sie freischalten möchten, und geben den Freischaltcode, den Sie im beiliegenden Codenummernumschlag finden, ein.

Programmbedienung

Ausführliche Informationen finden Sie auf der CD-ROM unter „Wie arbeite ich mit der CD".

Service

Für den Fall, dass Sie im Umgang mit unserer Software Probleme haben oder sonstige Fragen zum Handling auftreten, wenden Sie sich einfach an unseren eigens eingerichteten Hotline-Service:

Tel.: +49 (82 33) 23-73 25
Fax: +49 (82 33) 23-72 36
E-Mail: HotlineTechnik@weka.de

Stichwortverzeichnis

A
Abendrot 69
Absorption 35

B
Blaufärbung des Himmels 42
Brillouin-Streuung 54

C
Compton-Streuung 55

E
Emission 35
Extinktion. 52

F
Faraday-Tyndall-Effekt 48
Frequenz 28

H
Himmelblau 69
Huygens'sche Prinzip 16

L
Lichtbündel 45

M
Marshimmel 48
MIE-Streuung 47, 52

R
Raman-Streuung 54
Rayleigh-Streuung 46

S
Sonnenuntergang 46
Spektralanalyse 35
Strahlung, elektromagnetisch 27
Streureflexion 45
Streuung 45, 53

T
Tyndall-Effekt 53

U
unelastische Streuung 54

W
Wellenlänge 28
Wellenmodell 15

Stichwortverzeichnis

Seite 14

1 Das Wellenmodell des Lichtes

von Dr. Holger Schmitz

Erforderlicher Wissensstand der Schüler
- Die Gegenstände der Strahlenoptik sollten den Schülern bekannt sein. Hierzu zählen Inhalte wie Lichtquellen, Lichtbündel und Lichtstrahl, die zeichnerische Darstellung von Lichtstrahlen sowie die Reflexion und Reflexionsgesetze.
- Hilfreich (für eine Steigerung der Anschaulichkeit) sind Grundkenntnisse aus dem Bereich der mechanischen Schwingungen und Wellen (Huygens'sche Prinzip, Beugung, Interferenz).

Lernziele der Unterrichtseinheit
Die Schüler sollen
- beschreiben, dass das Strahlenmodell des Lichtes nicht in der Lage ist, bestimmte Phänomene zu erklären,
- die Begriffe Beugung, Interferenz und Dispersion erklären können,
- Anwendungen und Phänomene, die auf Beugung und Interferenz beruhen, erklären können.

Unterrichtsmethode
- Demonstrationsexperimente
- Schülerexperimente
- arbeitsteilige und -gleiche Gruppenarbeit (Gruppen mit Experten)
- Präsentationsform Poster oder OHP-Folie
- Internetrecherche, Gebrauch von Lernsoftware, freie Informationsquellenauswahl
- Unterrichtsgespräch

Hinweise auf benötigte Materialien
- Für die beiden Demonstrationsexperimente in der Einstiegsphase werden benötigt: Wellenwanne, Metallstreifen, Hindernis mit kleiner Öffnung, Lichtquelle (mit geradem Leuchtfaden), Schirm mit kleinem Spalt.
- Für das Schülerexperiment (Arbeitsblatt M5) wird eine Vogelfeder sowie eine punktförmige Lichtquelle benötigt. Für das Experiment zum Arbeitsblatt M6 werden eine Schale mit Wasser, Benzin und eine Pipette benötigt. Für das Experiment M7 wird ein CD-Rohling und eine Lichtquelle benötigt, für das Experiment M8 eine EC-Karte mit Hologramm.
- Arbeitsblätter M1–M4 mit Informationen über zu erarbeitende Inhalte. Arbeitsblätter M5–M8, Lösungsblatt M9.

Das Wellenmodell des Lichtes

Hintergrundinformationen für den Lehrer

Mit dem Strahlenmodell des Lichtes und der damit verbundenen Vorstellung, dass sich das Licht gradlinig ausbreitet, lassen sich die meisten bekannten Erscheinungen der Optik im Alltag erklären. Reflexion und die damit verbundenen Gesetze lassen sich ebenso demonstrieren wie die Bildentstehung durch Linsen. Das Strahlenmodell stößt jedoch an seine Grenzen, wenn Licht auf schmale Spalten, kleine Öffnungen oder Kanten trifft. Es treten Erscheinungen auf (Beugung), die wellentypisch sind. Auch Interferenz und Polarisation lassen sich nur mit dem Wellenmodell des Lichtes erklären.

Zur Erklärung des Wellenmodells bzw. der Ausbreitung von Wellen lässt sich das **Huygens'sche Prinzip** heranziehen, welches aus der Mechanik bekannt ist. Danach ist jeder Punkt einer Wellenfront seinerseits Ausgangspunkt einer neuen Elementarwelle mit gleicher Frequenz und gleicher Phase. Dieses Phänomen wird am Anfang dieser Einheit anschaulich rekapituliert. Anschließend wird die Verbindung zur Optik hergestellt (durch ein weiteres Demonstrationsexperiment), wobei erarbeitet wird, dass sich Licht in Form von Wellen ausbreitet.

Im Anschluss daran sollen die theoretischen Grundlagen verschiedener Phänomene (Beugung, Interferenz, Dispersion) von den Schülern in Gruppen erarbeitet und präsentiert werden, wobei die Schüler die Möglichkeit haben, ihre Informationsquellen frei zu wählen (Lernsoftware, Internet, Bücher). Vorgegeben werden lediglich einige Schlagworte, die in der Präsentation enthalten und erklärt sein müssen.

Mit diesem Wissen werden die Schüler in neue Gruppen geordnet, wobei in jeder Gruppe mindestens ein Schüler aus jeder Gruppe der Erarbeitungsphase enthalten sein muss (Experte). In dieser neuen Konstellation sollen nun Versuche zum Thema durchgeführt, erklärt, präsentiert und in der Klasse diskutiert werden.

Unterrichtsverlauf

Einstieg, Motivation

Zum Einstieg in diese Einheit führt der Lehrer ein Demonstrationsexperiment vor, welches das Huygens'sche Prinzip zeigt (bzw. wiederholt). In einer Wellenwanne werden Wellen mit geraden Wellenfronten erzeugt (z.B. durch einen Metallstreifen, der periodisch ins Wasser getaucht wird). Diese Wasserwellen treffen nun auf eine schmale Öffnung. Hinter der Öffnung entstehen kreisförmige Wellen:

Das Wellenmodell des Lichtes

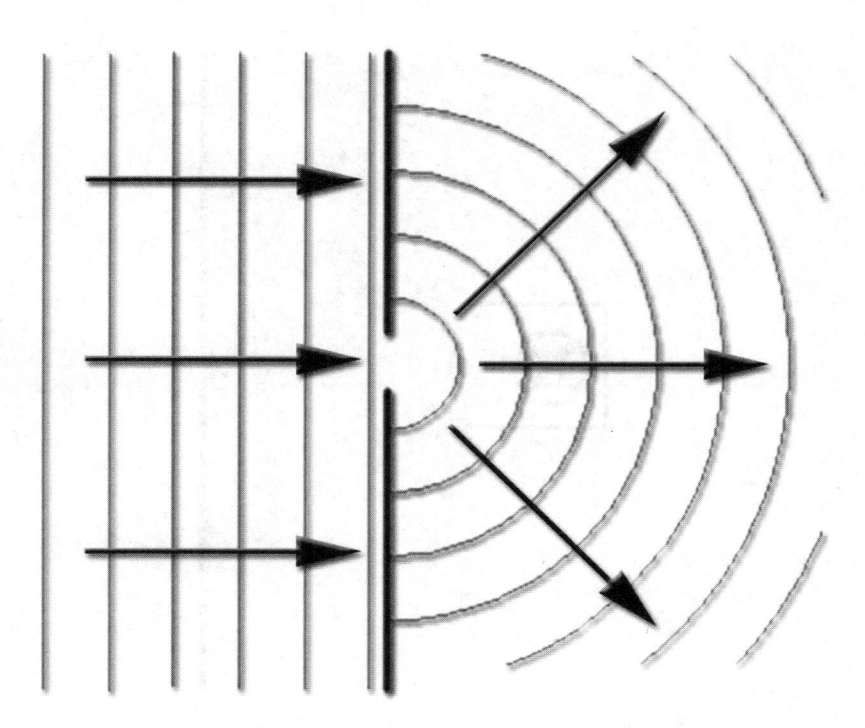

Wasserwellen hinter einer schmalen Öffnung

Abb. 1: Entstehung einer kreisförmigen Welle an einer schmalen Öffnung

Anhand dieses Ergebnisses wird das Huygens'sche Prinzip wiederholt:

Huygens'sche Prinzip

> *Jeder Punkt einer Wellenfront ist seinerseits Ausgangspunkt einer neuen Wellenfront (mit gleicher Frequenz und gleicher Phase).*

Ein ähnliches Demonstrationsexperiment soll nun den Zusammenhang mit der Optik herstellen. Mittels einer Lampe und einem Schirm mit einem sehr schmalen Spalt wird gezeigt, dass hinter der kleinen Öffnung kein scharf begrenzter Lichtfleck entsteht, sondern ein diffuser Lichtfleck:

1 Das Wellenmodell des Lichtes

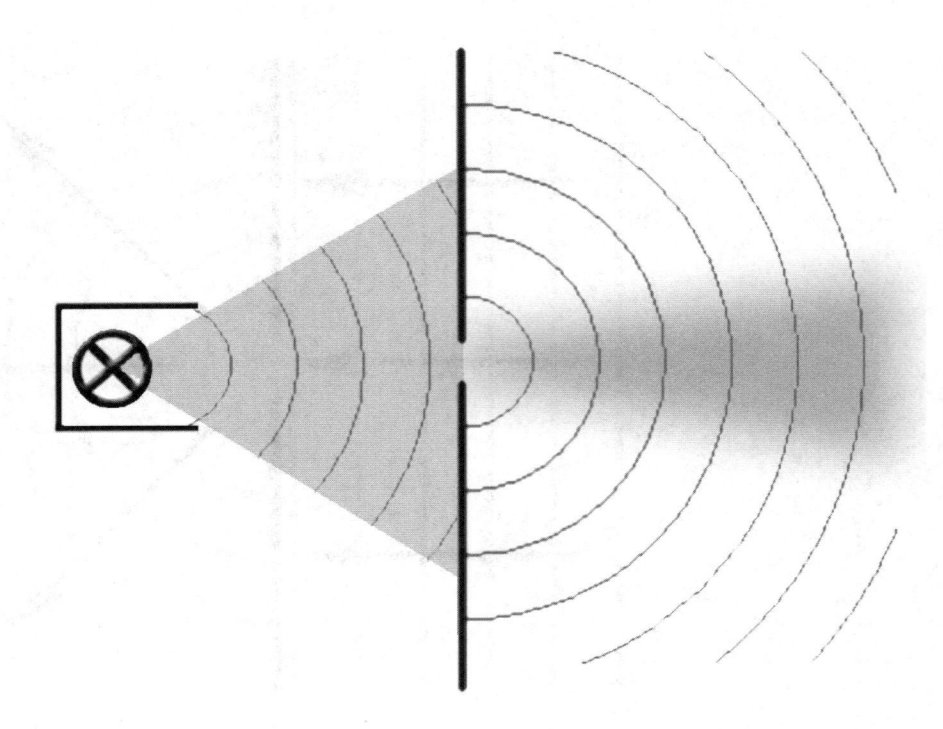

Seite 18

Diffuser Lichtfleck an schmaler Öffnung

Abb. 2: Entstehung eines diffusen Lichtflecks an einer schmalen Öffnung

Unterrichtsgespräch Die Schüler erarbeiten nun in einem geführten Unterrichtsgespräch, dass dieses Ergebnis mit dem Strahlenmodell des Lichtes nicht zu erklären ist, wohl aber mit der Annahme, **dass sich die Ausbreitung von Licht auch durch Wellen beschreiben lässt.**

Daraus resultiert, dass die den Schülern aus der Mechanik bekannten Begriffe der Beugung und Interferenz auch in der Optik eine Rolle spielen müssen. Die theoretischen Grundlagen hierzu sollen nun zunächst in Gruppen erarbeitet werden, wobei vier Gruppen die folgenden Themen erarbeiten und in Form eines kleinen Posters bzw. einer OHP-Folie präsentieren sollen:

1. Beugung
2. Interferenz am Gitter
3. Interferenz an dünnen Schichten
4. Dispersion

Zur Bearbeitung dieser Inhalte erhalten die Schüler lediglich Informationen, welche Schlagworte sie im Rahmen ihres Themas erarbeiten sollen (Arbeitsblätter **M1–M4**). Den Schülern wird vom Lehrer Material zur Verfügung gestellt. Dabei handelt es sich um vorhandene Schulbücher, weitere Literatur zum Thema, die vom Lehrer gestellt wird, möglicherweise vorhandene Lernsoftware so-

Das Wellenmodell des Lichtes

wie die Möglichkeit, eine Internetrecherche durchzuführen. Die vier Gruppen tragen anschließend ihre Ergebnisse vor.

Problemlösung An diese Erarbeitungsphase schließt sich eine Problemlösungsphase an, in der die Schüler in neue Gruppen eingeteilt werden. In diesen vier neuen Gruppen befindet sich mindestens ein Schüler aus jeder der vier alten Gruppen. Die Problemlösungsphase zeichnet sich dadurch aus, dass die Schüler mit Phänomenen konfrontiert werden (Arbeitsblätter **M5–M8**), die sie in ihren Gruppen bearbeiten, eine Lösung vorschlagen und diese (zusammen mit dem Phänomen) präsentieren. Diese Phase der Anwendung stellt also auch eine (weitere) Phase der Ergebnissicherung dar.

Anzumerken ist, dass die Bearbeitung des Arbeitsblatts **M8** (Holografie) u.U. die Zuhilfenahme weiterer Informationsquellen (Buch, Internet) bedarf, da die Erklärung dieses Verfahrens komplex erscheint. Diese Aufgabe kann also alternativ auch als Abschluss des Themas gewählt werden (als Hausaufgabe oder Referat).

Zusätzliche Information Einige Phänomene aus den in dieser Einheit beschriebenen Sachverhalten lassen sich sehr schön auf der Phänomenta in Lüdenscheid beobachten. (Auch sonst eignet sich ein Besuch der Phänomenta für Klassenfahrten, sowohl in der Sek. I als auch in der Sek. II!)

Mehr Informationen finden Sie unter www.phaenomenta.de .

Das Wellenmodell des Lichtes

Arbeitsblatt zum Thema Beugung

Thema: Beugung von Licht

Erarbeiten Sie in Ihrer Gruppe die wesentlichen Aspekte der Beugung von Licht. Gehen Sie dabei auf folgende Aspekte gezielt ein:

- Definition von Beugung
- Beugung am Einzelspalt
- Gangunterschied
- Auslöschung
- Hauptmaximum, Maximum

Präsentieren Sie Ihr Ergebnis (Poster oder OHP-Folie), wählen Sie hierfür mindestens einen Schüler, der Ihre Ergebnisse vorträgt.

Arbeitsblatt zum Thema Interferenz

Thema: Interferenz am Gitter

Erarbeiten Sie in Ihrer Gruppe die wesentlichen Aspekte der Interferenz am Gitter. Gehen Sie dabei auf folgende Aspekte gezielt ein:

- Definition der Interferenz
- optisches Gitter, Gitterspektren, Spektralfarben
- Gitterkonstante
- Gangunterschied
- Hauptmaximum, Maximum 1. Ordnung
- Wellenlängenmessung durch Interferenz am Gitter

Präsentieren Sie Ihr Ergebnis (Poster oder OHP-Folie), wählen Sie hierfür mindestens einen Schüler, der Ihre Ergebnisse vorträgt.

Das Wellenmodell des Lichtes

M3 / M4

Arbeitsblatt zum Thema Interferenz an dünnen Schichten

Thema: Interferenz an dünnen Schichten

Erarbeiten Sie in Ihrer Gruppe die wesentlichen Aspekte der Interferenz an dünnen Schichten. Gehen Sie dabei auf folgende Aspekte gezielt ein:

– Definition der Interferenz

– Interferenz an dünnen Schichten

– Gangunterschied bei Reflexion in dünnen Schichten

– Reflexion, Brechzahl, Phasensprung

Präsentieren Sie Ihr Ergebnis (Poster oder OHP-Folie), wählen Sie hierfür mindestens einen Schüler, der Ihre Ergebnisse vorträgt.

Arbeitsblatt zum Thema Dispersion

Thema: Dispersion

Erarbeiten Sie in Ihrer Gruppe die wesentlichen Aspekte der Dispersion. Gehen Sie dabei auf folgende Aspekte gezielt ein:

– Definition der Dispersion

– Prismenspektrum

– Brechung, Brechungszahl

– Ausbreitungsgeschwindigkeit für Lichtwellen

Präsentieren Sie Ihr Ergebnis (Poster oder OHP-Folie), wählen Sie hierfür mindestens einen Schüler, der Ihre Ergebnisse vorträgt.

Das Wellenmodell des Lichtes

Seite 22 M5

Arbeitsblatt „Optisches Gitter"

Material

- Vogelfeder,
- punktförmige Lichtquelle

Durchführung

Betrachten Sie die Lichtquelle aus ca. 3 m Entfernung mit nur einem Auge. Halten Sie nun die Feder vor das Auge. (Führen Sie den Versuch möglichst in einem dunklen Raum durch!)

Betrachter   Vogelfeder   Kerze

- Welche Beobachtung können Sie machen? Erklären Sie die Beobachtung. Fertigen Sie eine Zeichnung an, die Ihre Erklärung grafisch unterstützt.
- Präsentieren Sie den Versuch (lassen Sie Mitschüler dieselben Beobachtungen machen) und Ihren Lösungsansatz. Diskutieren Sie Ihre Lösung in der Klasse!

Das Wellenmodell des Lichtes

M6

Arbeitsblatt „Bunte Reflexion"

Material

- Schale mit Wasser,
- Benzin,
- Pipette

Durchführung

Bringen Sie einen Tropfen Benzin mit der Pipette auf die Wasseroberfläche auf. Betrachten Sie die Benzinschicht aus verschiedenen Blickwinkeln.

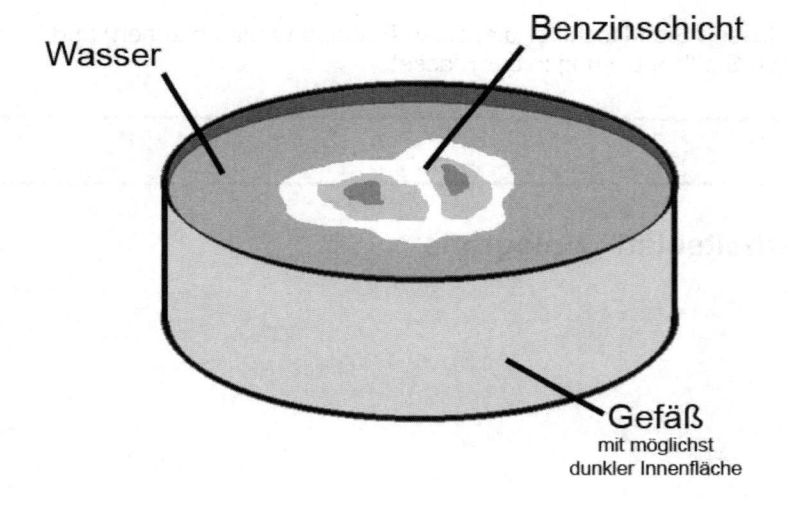

Wasser — Benzinschicht — Gefäß mit möglichst dunkler Innenfläche

- Welche Beobachtung können Sie machen? Erklären Sie die Beobachtung. Fertigen Sie eine Zeichnung an, die Ihre Erklärung grafisch unterstützt.

- Präsentieren Sie den Versuch (lassen Sie Mitschüler dieselben Beobachtungen machen) und Ihren Lösungsansatz. Diskutieren Sie Ihre Lösung in der Klasse!

Das Wellenmodell des Lichtes

Arbeitsblatt „Compact Disk"

Material

- CD-Rohling,
- Lichtquelle

Durchführung

Halten Sie den CD-Rohling so, dass das Licht der Lichtquelle von ihm reflektiert wird. Bewegen Sie den Rohling leicht.

- Welche Beobachtung können Sie machen? Erklären Sie die Beobachtung. Fertigen Sie eine Zeichnung an, die Ihre Erklärung grafisch unterstützt.
- Präsentieren Sie den Versuch (lassen Sie Mitschüler dieselben Beobachtungen machen) und Ihren Lösungsansatz. Diskutieren Sie Ihre Lösung in der Klasse!

Arbeitsblatt „Holografie"

Material

- EC-Karte

Durchführung

Betrachten Sie das holografische Bild auf der EC-Karte und bewegen Sie die Karte leicht.

- Welche Beobachtung können Sie machen? Erklären Sie die Beobachtung, benutzen Sie hierfür weitere Informationsquellen (Buch, Internet). Fertigen Sie eine Zeichnung an, die Ihre Erklärung grafisch unterstützt.
- Präsentieren Sie den Versuch (lassen Sie Mitschüler dieselben Beobachtungen machen) und Ihren Lösungsansatz. Diskutieren Sie Ihre Lösung in der Klasse!

Das Wellenmodell des Lichtes

Lösungsblatt

Lösung zu M5

Eine Vogelfeder besitzt einen sehr filigranen, aber auch regelmäßigen Aufbau. Sie wirkt so wie ein optisches Gitter.

Die zu beobachtenden Erscheinungen (Farbspektren der Kerzenflamme) sind also zurückzuführen auf Interferenzerscheinungen.

Lösung zu M6

Ein Teil des einfallenden Lichtes wird an der Oberfläche des Benzins reflektiert, ein Teil dringt in die Benzinschicht ein und wird an der Übergangsschicht Benzin-Wasser wieder teilweise reflektiert. Es entstehen interferierende Lichtwellen. Da diese einen optischen Gangunterschied aufweisen, entsteht konstruktive Interferenz. Verschiedene Bereiche der Schicht erscheinen in unterschiedlichen Farben, da dieser Gangunterschied auch von der Schichtdicke (die nicht konstant ist) und dem Einfallswinkel des Lichtes abhängt.

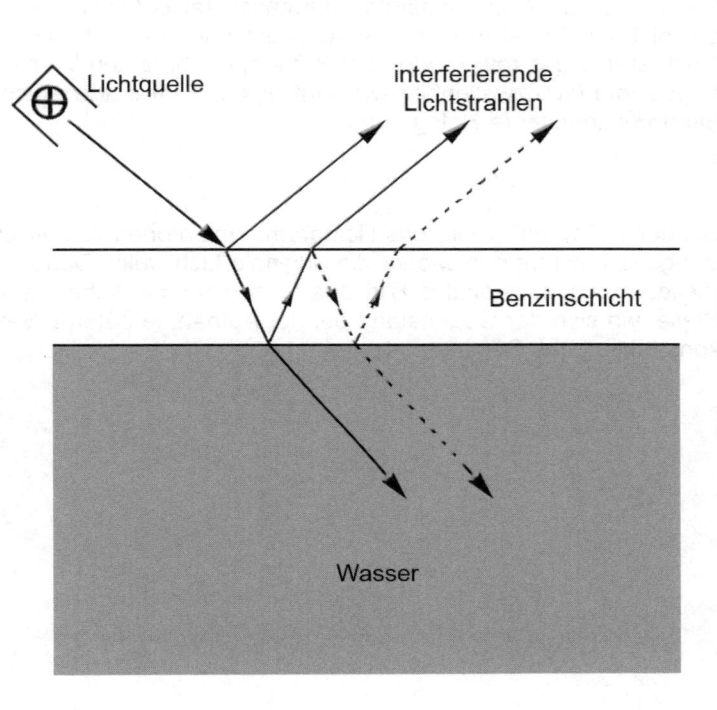

Lösung zu M7

Man kann beobachten, dass der CD-Rohling bunt schimmert.

Ein CD-Rohling besteht aus, in konzentrischen Kreisen, angeordneten Spuren, die wie ein optisches Gitter wirken (Reflexionsgitter).

Fällt nun weißes Licht auf die CD, so kommt es zu Reflexionen mit wellenlängenabhängigen Interferenzen. Diese führen zur Verstärkung und Auslöschung verschiedener Farbanteile des weißen Lichtes.

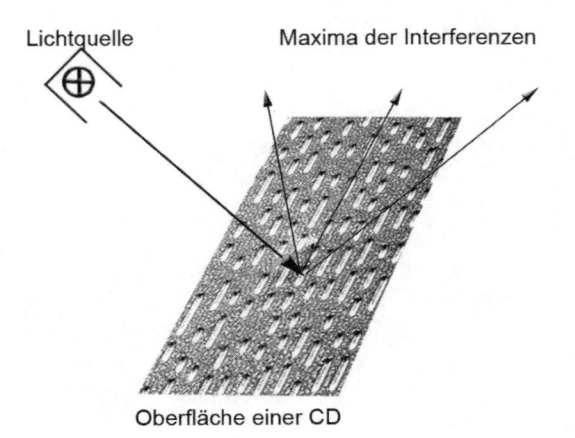

Das Wellenmodell des Lichtes

Lösung zu M8

Ein Bild kann die Informationen Wellenlänge (Farbe) und Amplitude (Helligkeit) speichern. Die Informationen über die Phasenbeziehung der Lichtwellen können dagegen nicht gespeichert werden. Zudem kann ein Bild einen Punkt nur aus einem Winkel aufnehmen. Der Mensch erlangt dagegen räumlichen Eindruck durch die Verrechnung verschiedener Bilder aus den unterschiedlichen Winkeln, aus der seine zwei Augen einen Punkt betrachten.

Die Holografie (frei übersetzt: vollständige Aufzeichnung) erzeugt dreidimensionale Bilder von Objekten, indem sie die gesamte Information (also Amplitude, Wellenlänge und Phasenbeziehung) aufzeichnet. Dabei wird der Gegenstand mit einer monochromatisch kohärenten Lichtquelle beleuchtet und das reflektierte Licht mit einer kohärenten Vergleichswelle überlagert. Das so entstehende Interferenzwellenbild wird auf einem Film aufgezeichnet. Auf dem Film entsteht also ein Interferenzmuster (= Hologramm).

Bei der Wiedergabe wird das Hologramm mit monochromatisch kohärentem Licht bestrahlt. Durch Beugung entsteht nun wieder die originale Lichtwelle. Dabei lässt sich hinter dem Hologramm ein reelles, dreidimensionales Bild des Gegenstandes sehen, zudem noch ein virtuelles Bild an der Stelle, wo sich der Gegenstand bei der Aufnahme befand. Beide Bilder liefern eine räumliche Rekonstruktion des Gegenstandes.

2 → Das Spektrum elektromagnetischer Strahlung

von Dr. Holger Schmitz

Erforderlicher Wissensstand der Schüler
- Die Gegenstände der Strahlenoptik sollten den Schülern bekannt sein. Hierzu zählen Inhalte wie Lichtquellen, Lichtbündel und Lichtstrahl, die zeichnerische Darstellung von Lichtstrahlen sowie die Brechung und Reflexion.
- Ebenfalls sollten Grundsätze der Entstehung elektromagnetischer Wellen aus der Elektrizitätslehre bekannt sein.

Lernziele der Unterrichtseinheit
Die Schüler sollen ...
- erkennen, dass das sichtbare Licht ein Teil des elektromagnetischen Spektrums ist,
- das elektromagnetische Spektrum in sinnvolle Bereiche einteilen,
- Eigenschaften und Anwendungen verschiedener Wellen aus dem elektromagnetischen Spektrum kennen, sowie
- die Strahlungsenergie in sichtbarem Licht experimentell demonstrieren.

Unterrichtsmethode
- Schülerexperiment
- Unterrichtsgespräch
- Einzel- und Partnerarbeit

Hinweise auf benötigte Materialien
Benötigt werden für den ersten Teil der Erarbeitung Schulbücher, gegebenenfalls vorhandene Lernsoftware und ein Internetanschluss.

Lösungsblatt 1 zur geeigneten Darstellung des elektromagnetischen Spektrums. Folie M2, Arbeitsblatt M3 zum Experiment, Lösungsblatt M4 (zu M3).

Hintergrundinformationen für den Lehrer
Im Jahre 1889 zeigte Heinrich Hertz, dass elektromagnetische Wellen die gleichen Eigenschaften wie Licht besitzen, sich aber in der Wellenlänge unterscheiden. Diese Wellen breiten sich im Vakuum mit Lichtgeschwindigkeit aus und haben Wellenlängen von $\sim \lambda = 10^5$ m bis $\sim \lambda = 10^{-15}$ m. Sie lassen sich einteilen in Radiowellen, Mikrowellen, sichtbare Wellen, Röntgenstrahlung und γ-Strahlen.

Das Spektrum elektromagnetischer Strahlung

Ziel dieser Unterrichtseinheit ist es zum einen zu vermitteln, dass das sichtbare Licht ein Teil der elektromagnetischen Strahlung ist, zum anderen die Eigenschaften der verschiedenen Bereiche des elektromagnetischen Spektrums und mögliche Anwendungen zu demonstrieren.

Unterrichtsverlauf

Einstieg, Motivation

Als Einstieg bietet sich z.B. die Benutzung einer Fernbedienung, eines Handys oder eines anderen Gegenstandes aus dem alltäglichen Gebrauch an, welches mithilfe elektromagnetischer Strahlung arbeitet. Daraufhin soll das Vorwissen der Schüler dahingehend genutzt werden, weitere Bezeichnungen für bekannte Strahlungsformen an der Tafel zu sammeln. Es ergibt sich eine erste Leitfrage für die Unterrichtseinheit:

Leitfrage: Wie lassen sich die von den Schülern genannten Strahlungsformen sinnvoll einteilen?

Erste Vermutungen werden die Begriffe der Frequenz bzw. Wellenlänge aufgreifen. Diese beiden Begriffe sollten an dieser Stelle noch einmal (von den Schülern) wiederholt und festgehalten werden:

- Frequenz: Die Frequenz f einer Schwingung (Welle) gibt an, wie viele Schwingungen pro Sekunde ausgeführt werden. Die Einheit der Frequenz ist 1 Hertz (1/s).
- Wellenlänge: die Wellenlänge λ bezeichnet den Abstand zweier benachbarter Orte mit gleichem Schwingungszustand (also z.B. Wellentäler oder Wellenberge). Die Einheit der Wellenlänge ist 1 m.

Beantwortung der Leitfrage

Die Beantwortung der Leitfrage soll nun von den Schülern in Einzel- oder Partnerarbeit geschehen. Dabei sollen die Schüler eine geeignete Darstellungsform für die einzelnen Bereiche des Spektrums erstellen, welche auf ein DIN-A4-Blatt passen sollte. Zudem sind zu den einzelnen Bereichen Eigenschaften und Anwendungen zu erarbeiten. Eine mögliche Lösung ist im Lösungsblatt **M4** demonstriert.

Den Schülern wird hierfür vom Lehrer Material zur Verfügung gestellt. Dabei handelt es sich um vorhandene Schulbücher, möglicherweise vorhandene Lernsoftware sowie die Möglichkeit, eine Internetrecherche durchzuführen.

Abschließend einigen sich die Schüler auf eine für sie optimale Form der Darstellung, die sowohl die verschiedenen Bereiche des Spektrums zeigt, als auch stichpunktartig Eigenschaften und Anwendungen beinhaltet. Dieses Blatt sollte kopiert und allen Schülern zur Verfügung gestellt werden.

Das Spektrum elektromagnetischer Strahlung

Um zu demonstrieren, dass sichtbares Licht ein weit größeres Spektrum als nur die Wellenlängen im Bereich von 390–780 nm aufweist, wird die Folienvorlage **M2** gezeigt. Sie demonstriert, dass das Sonnenlicht elektromagnetische Strahlung aussendet, die weit über den Bereich des sichtbaren Lichtes hinausgeht. Aus diesem Phänomen lässt sich die Frage ableiten, ob auch künstliche Lichtquellen aus dem Alltagsgebrauch Wellen ausstrahlen, die über den sichtbaren Bereich hinausgehen. Hierzu soll der Versuch **M3** durchgeführt werden. Je nach vorhandenem Material kann hier in Klein- oder Großgruppen gearbeitet werden.

Ergebnis Das Experiment zeigt (Lösungsblatt **M4**), dass sowohl unterhalb des violetten Lichtes (< 390 nm, ultraviolettes Licht) als auch in Bereichen mit höherer Wellenlänge als der des roten Lichtes (>780 nm, infrarotes Licht) Strahlungsenergie messbar ist. Es handelt sich hierbei also um die Fortsetzung des elektromagnetischen Spektrums außerhalb des Bereichs des sichtbaren Lichtes.

Das Spektrum elektromagnetischer Strahlung

Lösungsvorschlag zur Darstellung des elektromagnetischen Spektrums

Wellenart	Frequenz (Hz)	Wellenlänge (m)	Eigenschaften	Anwendungen
Wechselstrom	$30 - 3 \cdot 10^4$	$10^7 - 10^4$	Übertragung durch Leiter, Frequenz im hörbaren Bereich	Elektrische Energie, Übertragung von Sprache
Radiowellen	$3 \cdot 10^4 - 3 \cdot 10^9$	$10^4 - 0,1$	Gute Verbreitung durch die Luft, Reflexion	Radio, Fernsehen, Mobilfunk
Mikrowellen	$3 \cdot 10^9 - 3 \cdot 10^{12}$	$0,1 - 3 \cdot 10^{-5}$	Eindringen in Stoffe, Absorption durch diese Stoffe	Mikrowellen - Herd - Therapie
Infrarot	$3 \cdot 10^{12} - 3,8 \cdot 10^{14}$	$3 \cdot 10^{-5} - 7,8 \cdot 10^{-7}$	Eindringen in die menschl. Haut, Absorption durch viele Stoffe	Wärmestrahlung, Fernbedienung
sichtbares Licht	$3,8 \cdot 10^{14} - 7,8 \cdot 10^{14}$	$7,8 \cdot 10^{-7} - 3,8 \cdot 10^{-7}$	Vom Menschen wahrnehmbar	Beleuchtung
Ultraviolett	$7,8 \cdot 10^{14} - 3 \cdot 10^{16}$	$3,8 \cdot 10^{-7} - 10^{-8}$	Eindringen in Haut, Sonnenbrand	Höhensonne
Röntgenstrahlung	$3 \cdot 10^{16} - 3 \cdot 10^{20}$	$10^{-8} - 6 \cdot 10^{-12}$	Durchdringen von z.B. menschlichem Gewebe	Röntgen - Diagnostik - Therapie
Gammastrahlen	$> 3 \cdot 10^{20}$	$< 10^{-12}$	Durchdringung von massiven Körpern	Fehlersuche in Stoffen

Abb. 1: Das elektromagnetische Spektrum

Das Spektrum elektromagnetischer Strahlung

Folienvorlage: „Elektromagnetisches Spektrum des Sonnenlichts und seine Energieverteilung"

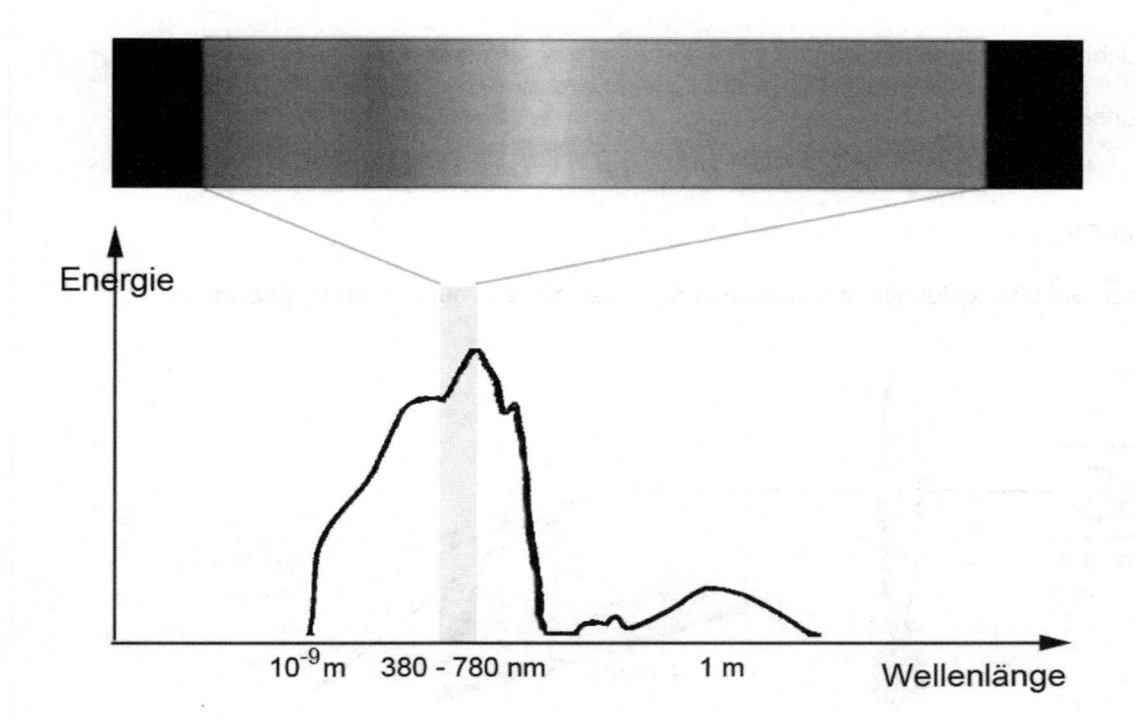

Abb. 2: Elektromagnetisches Spektrum und Energieverteilung des Sonnenlichtes

Das Spektrum elektromagnetischer Strahlung

Arbeitsblatt zur Energiemessung der Strahlungsenergie einer Lichtquelle

Material:

- Lichtquelle (Bogenlampe)
- Linse
- Prisma
- Strahlungsmessgerät

Durchführung:

Ordnen Sie die Lichtquelle, die Linse und das Prisma wie in der Abbildung gezeigt an.

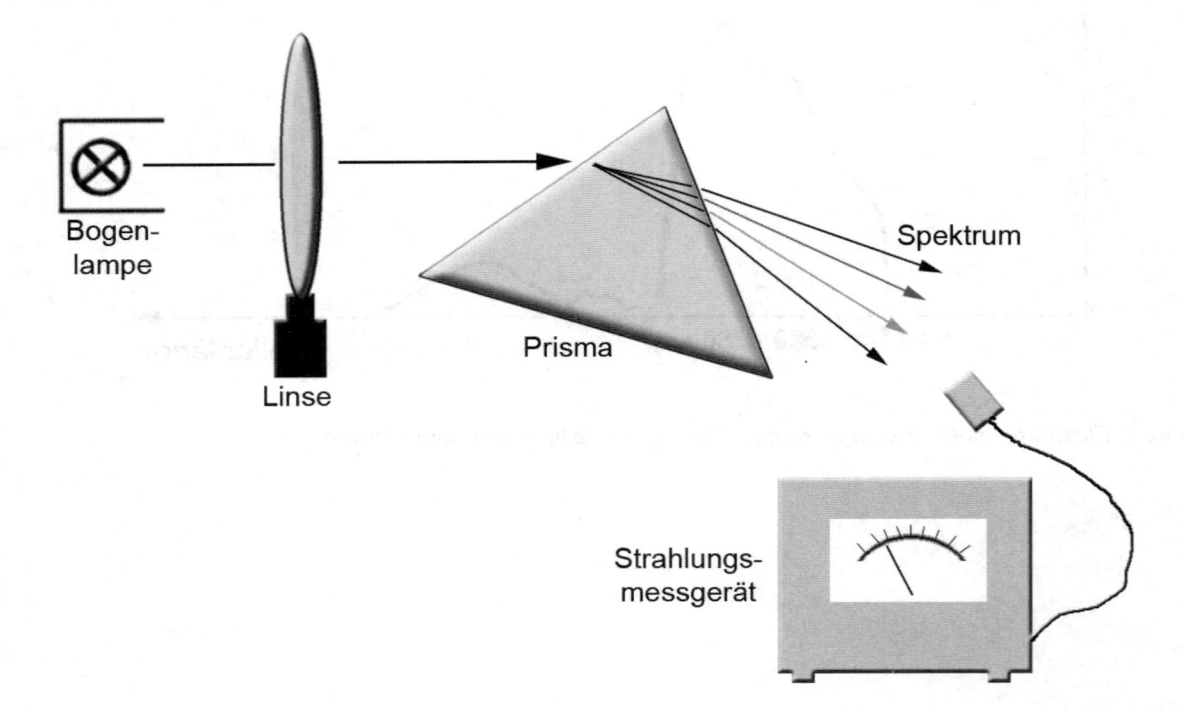

Abb. 3: Energiemessung der Strahlungsenergie einer Lichtquelle

Bewegen Sie nun den Empfänger des Strahlungsmessgeräts über das Spektrum hinweg. Auf diese Weise messen Sie die Energie, die ein Teil der Wellenlängen des Lichtes beinhaltet. Bewegen Sie den Empfänger auch in Bereiche rechts und links vom sichtbaren Licht.

Notieren Sie die Werte für die verschiedenen Farben des Lichtes und tragen Sie dies in einem Diagramm auf (x-Achse: Wellenlänge (Farbe des Lichtes), y-Achse: Energie).

Was können Sie hinsichtlich der Strahlung feststellen, die nicht mehr sichtbar ist?

Das Spektrum elektromagnetischer Strahlung

Lösung zu M3

Eine mögliche Lösung zu dem in M3 beschriebenen Experiment könnte wie folgt aussehen:

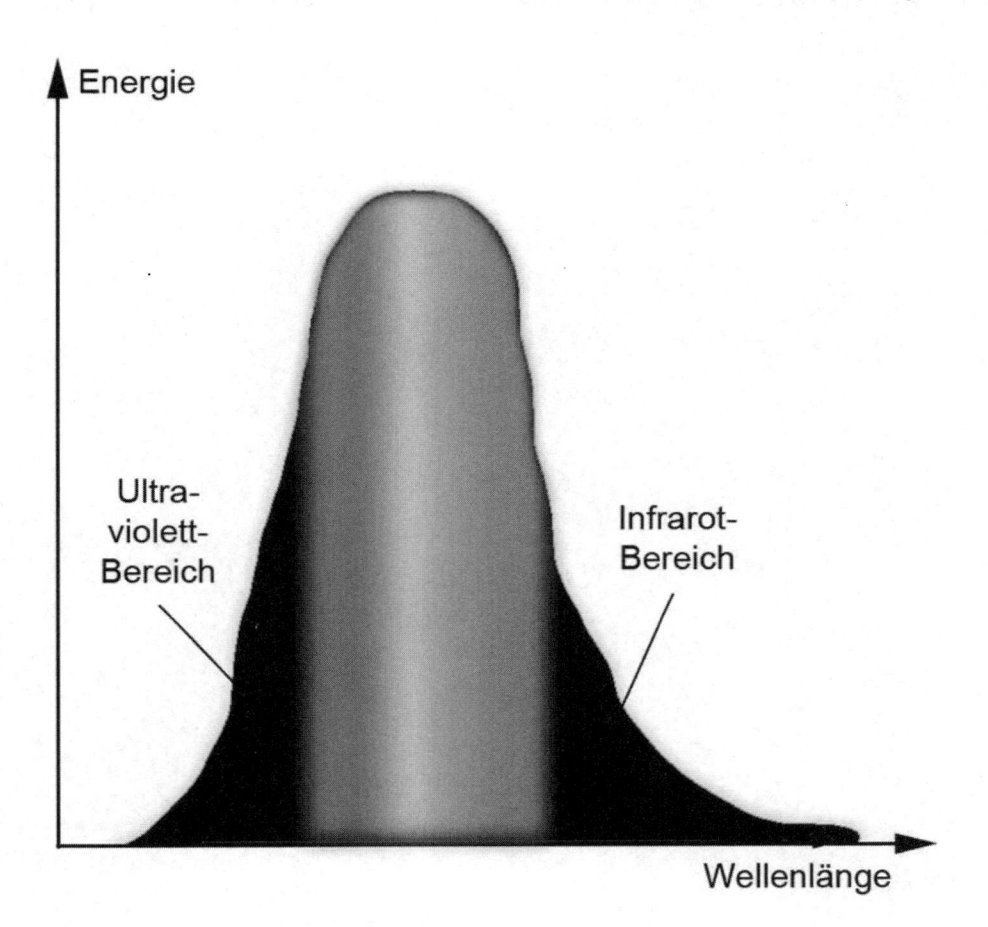

Abb. 4: Energiemessung der Strahlungsenergie einer Lichtquelle

3 Spektralanalyse

von Dr. Holger Schmitz

Erforderlicher Wissensstand der Schüler

- Die Gegenstände der Strahlenoptik sollten den Schülern bekannt sein. Hierzu zählen Inhalte wie Lichtquellen, Lichtbündel und Lichtstrahl, die zeichnerische Darstellung von Lichtstrahlen sowie die Brechung und Reflexion.
- Bekannt sein sollte auch, dass sichtbares Licht ein Teil des elektromagnetischen Wellenspektrums im Bereich der Wellenlängen von 390 nm bis 780 nm ist.

Lernziele der Unterrichtseinheit

Die Schüler sollen ...
- die verschiedenen Arten von Spektren (Prismenspektrum, Gitterspektrum, kontinuierliches Spektrum, Linienspektrum, Emissionsspektrum und Absorptionsspektrum) beschreiben, unterscheiden und ihr Zustandekommen erklären können,
- die Emission und Absorption von Licht erklären können und
- Sinn und Anwendungsgebiete der Spektralanalyse beschreiben.

Unterrichtsmethode

- Schülerexperimente
- Unterrichtsgespräche
- projektartige Arbeit (freie Themenfindung und Einteilung der Arbeitszeit und -form)
- Referat

Hinweise auf benötigte Materialien

Arbeitsblatt M1: Beschreibung der Einstiegs-Experimente zur Erzeugung verschiedener Spektren.

M2 zeigt ein mögliches Tafelbild zur Sicherung der verschiedenen Arten von Spektren. Folie M3 zeigt das Sonnenspektrum mit sichtbaren schwarzen Linien.

Lösungsblatt M4 gibt mögliche Themen und Erklärungen zu Anwendungen der Spektralanalyse vor.

Hintergrundinformationen für den Lehrer

In dieser Unterrichtseinheit sollen die Begriffe Emission und Absorption und deren Spektren behandelt werden. Alle Lichtquellen funktionieren auf dieselbe Weise: Ihnen wird Energie zugeführt, worauf sie Licht(energie) aussenden. Dieser Vorgang wird als Emission bezeichnet. Dabei geben sie Licht in einem bestimmten

Wellenlängenbereich ab, dem Emissionsspektrum. Fällt hingegen weißes Licht durch bestimmte Stoffe, wird Licht von bestimmten Wellenlängen absorbiert. Ein Spektrum dieses Lichtes (plus dem durch Absorption fehlenden Lichtes, welches sich in schwarzen Streifen kenntlich macht), wird Absorptionsspektrum genannt. Dabei gilt, dass Stoffe Licht mit genau den Wellenlängen absorbieren, die sie im leuchtenden Zustand emittieren.

Unterrichtsverlauf
Einstieg, Motivation

Als Einstieg in dieses Thema sollen vier kleine Schülerexperimente zur Erzeugung verschiedener Spektren dienen, die sowohl in der ganzen Klasse als auch in Gruppen durchgeführt werden können (sofern es das vorhandene Material zulässt). Die Experimente sind auf **M1** beschrieben. Die Experimente zeigen zum einen ein kontinuierliches Prismenspektrum (Versuch 1), zwei Linienspektren (Versuch 2 und 3) sowie ein Gitterspektrum (Versuch 4).

Die Experimente zeigen, dass es verschiedene Arten von Spektren gibt. Diese Spektren werden gemeinsam beschrieben und an der Tafel gesichert (siehe **M2**). Zudem wird an dieser Stelle vom Lehrer der Begriff des Emissionsspektrums eingeführt und in das Tafelbild eingefügt. Dabei wird auch der Begriff der Emission eingeführt.

Emission: Lichtquellen wird Energie zugeführt, worauf sie Licht-(energie) aussenden.

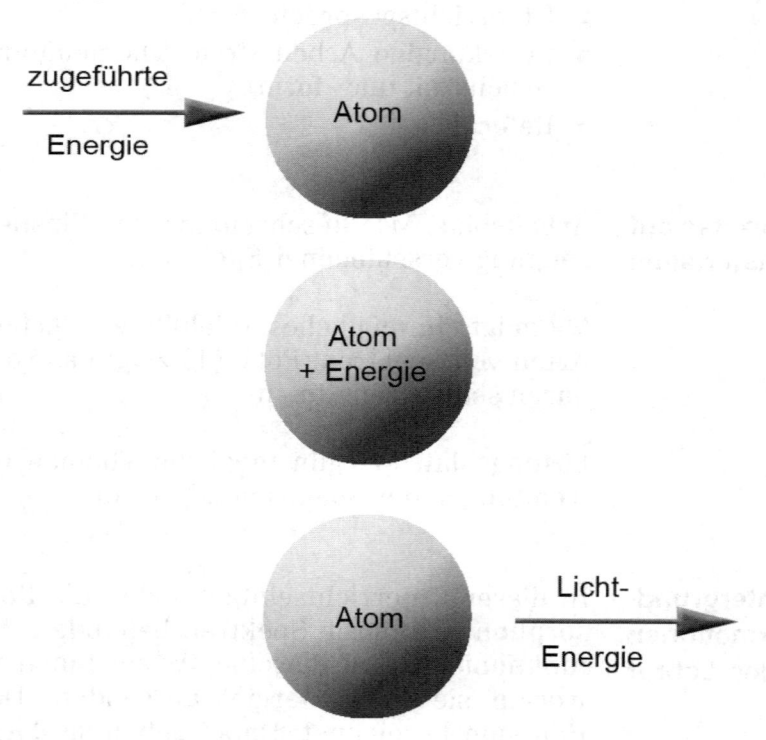

Abb. 1: Emission

Im Anschluss soll eine Folienvorlage (**M3**) mit dem Spektrum des Sonnenlichtes gezeigt werden. Dieses Spektrum zeigt deutlich schwarze Linien (Fraunhofer'sche Linien). Die Schüler werden aufgefordert, dieses Phänomen zu erklären. In dem entstehenden Unterrichtsgespräch wird sowohl der Begriff der Absorption als auch das Absorptionsspektrum eingeführt (und an der Tafel festgehalten) und den Begriffen Emission und Emissionsspektrum gegenübergestellt.

Absorption: die Abschwächung einer Wellenstrahlung beim Eindringen in bzw. Durchdringen von Materie.

Der so durchgeführte Einstieg in dieses Thema wird sich über mindestens eine Unterrichtsstunde hinziehen, legt aber die entscheidenden Grundlagen und wirft eine wichtige Frage auf (wozu machen wir das?), die sich als Leitfrage für die weitere Bearbeitung formulieren lässt:

Leitfrage: Wie lassen sich die theoretischen Grundlagen der Spektraluntersuchungen praktisch nutzen?

Diese Frage soll von den Schülern selbstständig erarbeitet werden, wobei sich hier eine Arbeit in Kleingruppen anbietet, die sich über einen längeren Zeitraum ziehen kann. Als Präsentationsform bietet sich das Referat an. Um Redundanzen zu vermeiden, sollte zunächst erarbeitet werden, welche Anwendungsmöglichkeiten es gibt. Danach kann abgesprochen werden, welche Gruppe welches Thema erarbeitet.

Im Anhang (**M4**) sind einige Vorschläge und Erklärungen zu Anwendungen der Spektralanalyse gegeben, die nicht den Anspruch auf Vollständigkeit erheben!

Spektralanalyse

M1

Experimente zur Erzeugung verschiedener Spektren

Führen Sie die folgenden Experimente durch (möglichst in einem dunklen Raum) und notieren Sie die Ergebnisse:

Versuch 1

Material:

- Lichtquelle
- Spaltblende
- Prisma
- Schirm

Durchführung:

Ordnen Sie die Gegenstände so an, dass das Licht der Lichtquelle durch den Spalt und durch das Prisma fällt (siehe Abbildung). Welche Beobachtung machen Sie?

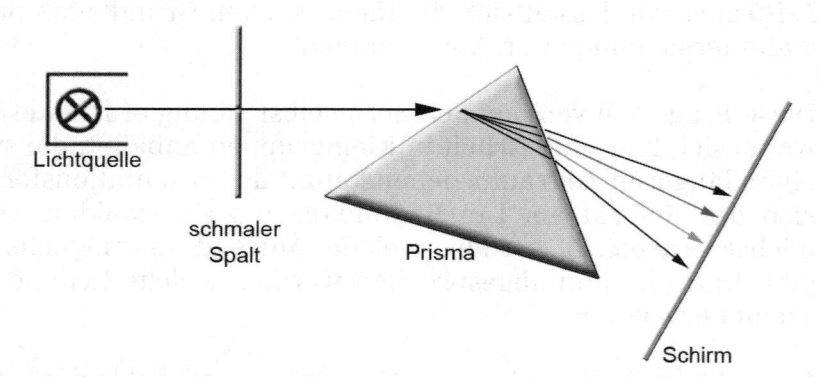

Abb. 2: Versuch 1: Versuchsaufbau

Versuch 2

Wiederholen Sie den Versuch 1. Benutzen Sie nun eine Natriumdampflampe! Welche Beobachtung lässt sich machen?

Versuch 3

Wiederholen Sie den Versuch 1. Benutzen Sie nun eine Quecksilberdampflampe! Welche Beobachtung lässt sich machen?

Versuch 4

Material:

- Lichtquelle
- Gitter
- Schirm

Durchführung:

Stellen Sie das Gitter zwischen Lichtquelle und Schirm. Welche Beobachtung lässt sich machen?

Spektralanalyse

Mögliche Anwendungen der Spektralanalyse

Spektraluntersuchungen spielen in verschiedenen Bereichen eine Rolle, so z.B.

in der Chemie:

Flammenfärbung zur Bestimmung verschiedener Elemente. So lässt sich Natrium durch eine Gelbfärbung der Flamme nachweisen, Kalium färbt die Flamme rot, Bor grün. Jedes chemische Element gibt in gasförmigem Zustand ein Licht mit einer charakteristischen Wellenlänge ab.

in der Biologie:

Absorptionsspektren von Pflanzeninhaltsstoffen werden untersucht (z.B. Chlorophyll) und so deren Arbeitsweise ergründet.

in der Astronomie:

Durch den Vergleich der Spektren von leuchtenden Sternen mit den Spektren von Elementen der Erde lassen sich Informationen über die Zusammensetzung der Himmelskörper erlangen.

in der Kriminaltechnik:

Als Beispiel sei hier das Hämoglobin genannt, welches ein bestimmtes Absorptionsspektrum aufweist. Kohlendioxidhaltiges Hämoglobin weist ein anderes Spektrum auf als ungebundenes bzw. mit Sauerstoff gebundenes Hämoglobin, sodass sich Rückschlüsse über Vergiftungen ergeben können.

4 Warum ist der Himmel blau?

von Dr. H.-J. Föckel

Erforderlicher Wissensstand der Schüler
- Brechungs- und Reflexionsgesetz der Optik
- qualitative Vorstellungen über die Eigenschaften von Wellen (Wasserwellen, Seilwellen; Kenntnisse über Versuche mit der Wellenwanne)

Lernziele der Unterrichtssequenz

Die Schüler sollen ...
- erfahren, wie scheinbar kindliche Fragen nach alltäglichen Erscheinungen zu physikalischen Erkenntnissen führen können,
- die Erscheinungen Streuung, Brechung und Reflexion qualitativ voneinander unterscheiden können,
- die Beobachtungen an den im Unterricht demonstrierten Versuchen erklären und diese Kenntnisse auf die im Alltag beobachteten Erscheinungen wie Abendrot oder weiße Wolken anwenden können,
- verstehen, dass die Streuung allein nicht das Zustandekommen aller Himmelsfarben erklären kann, sondern dass u.a. auch Absorption zu berücksichtigen ist,
- verstehen, dass die Streuung eine Grunderscheinung der Optik ist,
- lernen, dass die Intensität der Lichtstreuung von der Teilchengröße der Streuer und von der Lichtwellenlänge abhängt und dass gestreutes Licht polarisiert ist,
- je nach den Vorkenntnissen eine zumindest qualitative Erklärung für die Rayleigh-Streuung geben können.

Einordnung des Themas in den Unterricht der Sekundarstufe I

Die im Physikunterricht der Sekundarstufe I typischen Themen zur Optik entstammen der geometrischen Optik. Die Einführung des Wellenmodells zur Beschreibung optischer Erscheinungen ist der Sekundarstufe II vorbehalten.

Unterrichtsmethode
- Demonstrationsexperimente
- Lehrervortrag

Unterrichtsverlauf

Einstiegsphase

Spricht man von einem blauen Himmel, wird damit „ein schöner sonniger Tag" verknüpft. In Schlagern und in Gedichten kommt „das Himmelblau" (Azur) vor. Aber: Woher kriegt der Himmel ei-

Warum ist der Himmel blau?

gentlich diese zauberhafte Farbe? Wie kommen die unterschiedlichen Blautöne des Himmels zustande – tiefblau in tropischer Mittagsstunde, hellblau an einem frühen Sommermorgen, graublau an einem Wintertag?

Das Phänomen der Blaufärbung des klaren Himmels beschäftigt schon seit Jahrhunderten die Denker und Wissenschaftler. Berühmte Gelehrte haben über diesem Problem gegrübelt.

Fragen — Die Schüler werden gefragt, welche Ursache ihrer Meinung nach die blaue Himmelsfarbe hervorruft.

Antworten — Typische Vorstellungen der Schüler dabei sind:
- Die Luft hat immer eine blaue Farbe. Der Himmel ist immer blau; er wird grau, wenn Wolken davor hängen.
- Die Luft ist farblos. Die blaue Farbe wird erst durch Brechung in unseren Augen „erzeugt".
- Die blaue Farbe entsteht durch Lichtbrechung in der oberen Atmosphäre.
- Der Himmel wird durch die Wassertropfen in der Luft blau: Brechung des Lichtes in den Tropfen.
- Die Erde besteht zu 70 % aus Wasser. Das „Licht des Wassers", der Ozeane, wird einfach reflektiert, deshalb die Blaufärbung. Geht die Sonne unter, wird der Einfallswinkel kleiner, deshalb keine Reflexion mehr und der Himmel ist dann feuerrot; das ist seine natürliche Farbe!
- Die Blaufärbung entsteht durch die große Konzentration von Sauerstoff oder Ozon in der Atmosphäre; Sauerstoff sieht blau aus, Stickstoff grau. Das ist ja auch die Farbe von Gasflaschen (!!).

Erarbeitungsphase — Zur Auseinandersetzung mit diesen Vorstellungen der Schüler bietet es sich an, zunächst einige qualitative Experimente und Beobachtungen anzustellen.

Demonstrationsexperiment 1

Die Atmosphäre wird durch ein Becherglas modelliert: Es wird mit Wasser gefüllt, das mit etwas Tinte blau gefärbt wird. Das Wasser wird von Lampenlicht durchleuchtet. Man sieht: Das durchtretende Licht ist ebenfalls blau gefärbt! Die gleiche Beobachtung macht man auch, wenn ein blau gefärbtes Glas (Windschutzscheibe) durchleuchtet wird. Da die Sonne aber abends rot aussieht, kann die „Luft" nicht blau gefärbt sein.

Beobachtungen — Die Schüler werden dazu angehalten, **bewusst** die Färbung des Himmels im Tagesablauf zu beobachten.

Warum ist der Himmel blau?

Als wichtige Beobachtungen werden zusammengestellt:
- Das Blau des Himmels ist nicht überall gleich intensiv: Die Intensität der Blaufärbung ist im Abstand von 90° von der Sonne am stärksten, danach wird die Intensität wieder schwächer.
- Der Tropenhimmel ist „tiefer blau" als unser Himmel in Mitteleuropa (Postkarten!).
- Die Sonne ändert ihre Farbe im Tagesablauf: Mittags ist sie weiß, nachmittags wird sie weiß-gelb, färbt sich dann orange und geht als roter Feuerball unter.
- Die Abhängigkeit der Intensität der Blaufärbung vom Himmelsort ist überall auf der Erde dieselbe, auch wenn man sich in großer Entfernung von einem Meer befindet. Die Reflexion des Lichtes der „blauen Meere" kann also nicht der Grund für die Farbe des Himmels sein. (Außerdem ist das Meerwasser manchmal auch grau!)
- Auch die Lichtbrechung in den Wassertröpfchen der Atmosphäre kann nicht Ursache sein; dann müssten wie bei einem Regenbogen alle Spektralfarben am Himmel auftreten.

Demonstrationsexperiment 2

Das Verhalten des Sonnenlichts in der Atmosphäre ist komplizierter als bei Brechung oder Reflexion. Das wird demonstriert mit einem Polarisationsfilter.

Der Himmel wird durch ein solches Filter (oder Nicolsches Prisma) beobachtet. Man stellt fest:
- Blickt man auf den Bereich, in dem das Blau am intensivsten ist (ein Kreis, der 90° von der Sonne entfernt ist; siehe oben), so nimmt beim Drehen des Filters die Helligkeit ab.
- Blickt man durch das Filter in Richtung Sonne, so ändert sich die Helligkeit beim Drehen nicht. Die Schlussfolgerung lautet: Das blaue Licht ist linear polarisiert.
- Bei genauerer Beobachtung findet man außerdem, dass es weitere Stellen am Himmel gibt, an denen überhaupt keine Polarisation festzustellen ist: zwei Stellen, die in ungefähr 10° bis 20° Abstand über und unter der Sonne liegen und zwei weitere, die sich über dem der Sonne gegenüberliegenden Punkt befinden.

Frage — Die Schüler werden gefragt, ob sie aus dem Alltag Erscheinungen kennen, die je nach Beobachtung verschiedene Färbungen zeigen.

Antworten — Als Beispiele könnten genannt werden:
- Milch sieht weiß aus, mit Wasser verdünnte Milch dagegen bläulich.

- Der Rauch, der von einer Zigarette aufsteigt, sieht blau aus („blauer Dunst"), insbesondere vor einem dunklen Hintergrund. Vor einem hellen Hintergrund erscheint er gelblich; von einem Raucher ausgeatmeter Rauch sogar weißlich.
- Aus einer Wunde sickert rotes Blut; in den Adern, besonders unter einer zarten Haut (Unterarm) erscheint es dagegen blau („blaublütig").
- Die Augeniris enthält eine farblose, aber trübe Substanz (Stroma), in die feinste Bindegewebsfasern eingelagert sind. Dennoch haben Babys in der Regel einheitlich blaugrau gefärbte Augen. Erst nach einigen Monaten verändert sich die Farbe (durch Einlagern von Farbpigmenten/Melanin).
- Nach dem Fensterputzen sieht man Schmutzstreifen (eingetrocknetes Wasser, das Schmutzpartikel enthält), teilweise farbig, erst bei schräg einfallendem Licht.

Demonstrationsexperiment 3

In den genannten Beispielen spielt die Blickrichtung eine wichtige Rolle. Deshalb werden mit den Schülern die Beobachtungen bei folgendem Versuch diskutiert.

Ein mit Wasser gefülltes Glasgefäß (Durchmesser etwa 10 cm) wird auf ein schwarzes Tuch gestellt und mit dem Licht einer Taschenlampe durchleuchtet.

Beobachtung: Das Licht geht ungeschwächt durch das Wasser hindurch; im Wasser ist vom Lichtstrahl wenig zu erkennen.

In das Wasser werden einige Tropfen Milch gegeben.

Beobachtung: Der Lichtkegel wird sichtbar. Von der Seite aus betrachtet erscheint er bläulich; in Richtung Lampe geblickt, ist er rötlich gefärbt.

Das blaue und das rote Licht werden durch ein Polarisationsfilter betrachtet.

Beobachtung: Beim Drehen des Filters ändert sich die Helligkeit des blauen Lichtes; in Richtung der Lampe geblickt, wird beim Drehen keine Helligkeitsänderung beobachtet. Das von der Seite aus gesehene blaue Licht ist also linear polarisiert.

Es wird mehr Milch in das Wasser gegeben. Sie entspricht nun dem Dunst oder Nebel in der Atmosphäre.

Beobachtung: Allmählich wandelt sich das blaue Licht in weißes Licht um. Durch das Glas in Richtung Lampe geblickt, wird das Rot des durchgehenden Lichtes intensiver.

Schlussfolgerungen

Die Beobachtungen stimmen mit den Beobachtungen beim „Himmelsblau" überein. Sie stimmen auch mit Erfahrungen überein, die man beim Verhalten von Licht bei Nebel macht: Langwelliges Licht durchdringt Nebel besser. Das gilt auch für den von uns unsichtbaren Bereich elektromagnetischer Strahlung: Mit Infrarotfotografie kann man durch Dunst hindurch fotografieren. Flugzeuge können an ihrer (für uns unsichtbaren) Wärmestrahlung in 30–50 km Entfernung festgestellt werden (Nachtsichtgeräte).

Die seitliche Streuung des Lichtes muss offensichtlich etwas zu tun haben mit der Größe der streuenden Teilchen (Fetttropfen der Milch) und der Wellenlänge des verwendeten Lichtes. (Die Dichte der Teilchen kann nicht entscheidend sein, denn die Dichte der Wassermoleküle ist ja größer als die der Fetttropfen, Streuung war aber erst nach Hinzufügen der Milch zu beobachten.) Offenbar gilt: Je kleiner die Teilchen im Vergleich zur Wellenlänge, desto intensiver ist die seitliche Streuung und die Änderung der Farbe.

Bemerkung: Der ausgeatmete Zigarettenrauch sieht also deshalb weißlich aus, weil er größere Partikel (aus der Lunge und der Schleimhaut) enthält, die größer sind als die Rußpartikel des eigentlichen Zigarettenrauchs.

Bedeutung der Streuung

Lehrervortrag

Alle kleinen Gebilde, nicht nur Staubteilchen, sondern auch einzelne Moleküle, Atome, Elektronen u.a. senden Licht aus, wenn sie ihrerseits von Licht getroffen werden. Bei staubfeinen Teilchen deutet man die Streuung des Lichtes noch durch den dabei überwiegenden Anteil der Reflexion an ihrer Oberfläche; man spricht auch von „Streureflexion". Werden die Durchmesser der Streuer kleiner, mit der Lichtwellenlänge vergleichbar oder noch kleiner, verschwindet der Reflexionsanteil. Man spricht dann von der Streuung im eigentlichen Sinne.

Die Streuung ist eine der Grunderscheinungen in der Optik:

Durch die Beobachtung des seitlich z.B. von Nebel gestreuten Lichtes kommt man eigentlich erst zum Begriff des „Lichtbündels", das in der geometrischen Optik zur zeichnerischen Darstellung des Strahlenverlaufs benutzt wird. Allein durch die Streuung werden alle nicht selbst leuchtenden Körper erst sichtbar.

4 Warum ist der Himmel blau?

Seite 46

Erklärung der Himmelsfarben

Hinweis   Je nach den vorhandenen Vorkenntnissen der Schüler kann hier nun entweder auf die theoretisch genauere Betrachtung der Rayleigh-Streuung eingegangen werden (siehe unter „Hintergrundinformationen für Lehrer/Ergänzungen") oder es können nun direkt aus dem in den Demonstrationsversuchen Beobachteten qualitativ die Farben des Himmels erklärt werden. Zum Abschluss sollte zusammenfassend das Demonstrationsexperiment 5 gezeigt werden.

1. Ursache für die Blaufärbung des Himmels ist die Streuung des Sonnenlichtes an den Luftmolekülen. Hier ist die Wellenlänge des Lichtes sehr viel größer als die Abmessungen der Streuer. Damit gelten die Gesetze der Rayleigh-Streuung:
   - Kurzwelliges Licht wird stärker gestreut als langwelliges.
   - Das Streulicht ist linear polarisiert.
   - Da die blaue Farbe herausgestreut wird, bleibt in Richtung Sonne geblickt rotes Licht übrig.
2. Beim Sonnenuntergang (niedriger Sonnenstand) muss das Licht einen langen Weg durch die Atmosphäre zurücklegen. Wegen der Streuung des Blauanteils ist dann bei klarer Luft das Sonnenlicht gelblich-rot. Ist die Luft verunreinigt (z.B. durch Rauch bei einem Waldbrand), ist der Sonnenuntergang mehr rot. Ein Sonnenuntergang auf See ist wegen der streuenden Salzpartikel in der Luft oft orangefarben.

   Die Rotfärbung lässt sich an dünnen Wolken besonders gut sehen, weil diese Wassertropfen enthalten, die größere Abmessung haben als die Luftmoleküle und deshalb (wie die Milch im

Warum ist der Himmel blau?

Seite 47

Experiment) das Sonnenlicht unabhängig von der Wellenlänge streuen.

3. Ursache für die Blaufärbung des Himmels ist die Streuung des Violett hat eine noch kürzere Wellenlänge als blaues Licht. Weshalb sieht man dann den Himmel nicht violett?
Es gibt mehrere Gründe dafür:
- Der Anteil violetten Lichtes in der einfallenden Sonnenstrahlung ist sehr gering: Die eingestrahlte Energie verteilt sich zu etwa 5 % auf UV-Strahlung, zu 46,5 % auf den sichtbaren Bereich und etwa 50 % auf Infrarot-Strahlung.
- In den oberen Schichten der Atmosphäre wird violett stärker absorbiert als Licht anderer Wellenlängen.
- Die Empfindlichkeit der drei für das Farbsehen zuständigen Typen von Sehzellen, der so genannten Zapfen, ist unterschiedlich groß. Jeder Zapfentyp ist nur für eine der drei Farben Rot, Grün und Blau empfindlich. Die Zapfen für Blau sind aber für violettes Licht zu unempfindlich. Violettes Licht wird zwar am stärksten gestreut, doch aus den genannten Gründen erscheint uns der Himmel blau.

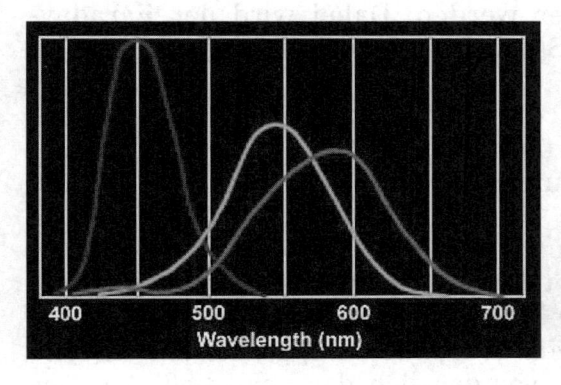

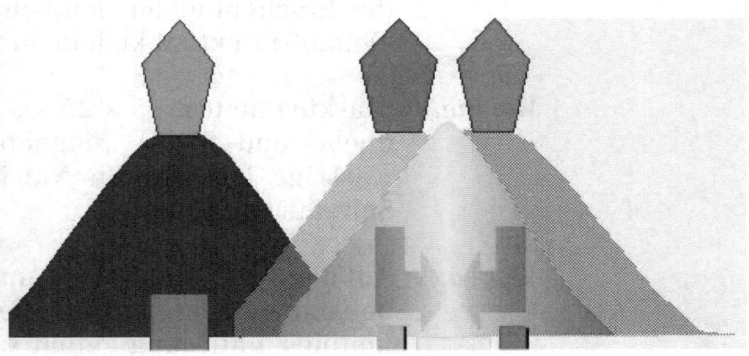

4. Wolken und Nebel erscheinen weiß, weil sie Teilchen enthalten, die größer als die Lichtwellenlänge sind, und alle Wellenlängen in gleicher Weise streuen (MIE-Streuung). Manchmal befinden

sich aber noch andere Teilchen in der Luft, die abweichende Farberscheinungen hervorrufen.

- *Blauer Dunst*: Manche Bergregionen sind bekannt für den schönen blauen Dunst, der über ihnen liegt. Ursache sind Aerosole von Terpenen (ätherische Öle, die von den Nadelbäumen stammen), die mit dem Luftsauerstoff (Ozon) chemisch reagieren, wobei sich Partikel der Größe von etwa 200 nm bilden. Diese wirken dann als Streuer, die blaues Licht streuen.
- *Blauer Mond:* Ein Waldbrand oder ein Vulkanausbruch bringen Teilchen der Abmessung von 500–800 nm in die Atmosphäre. Diese streuen nun bevorzugt das rote Licht. So ergibt sich ein umgekehrter Tyndall-Effekt: Bei diesem sehr seltenen Phänomen hat dann der Mond einen blauen Farbton, weil der Rotanteil des Lichtes herausgestreut wird.

5. Himmelsfarbe auf Venus und Mars
Farbaufnahmen, die vom Viking Mars Lander 1977 und Pathfinder 1997 gesendet wurden, zeigten einen roten Himmel über dem Mars.
Die aktuell laufenden Untersuchungen auf dem Planeten belegen, dass auf ihm starke Sandstürme recht häufig sind. Dabei werden eisenhaltige Mineralien aufgewirbelt, die dann die Atmosphäre rot färben. Fehlen solche Stürme, sieht der Marshimmel ähnlich wie der auf der Erde bläulich aus (ein weiterer Beleg dafür, dass nicht die Lichtbrechung an Wassertropfen oder Ozeane die Himmelsfarbe erzeugen!).

Demonstrationsexperiment 5

Dieses Demonstrationsexperiment wurde bereits von Hermann Hahn und Bernhard Schwalbe angegeben. Man kann damit Morgenröte, Himmelblau und Abendröte in einem Modellexperiment nacheinander entstehen lassen. Ein abgedunkeltes Zimmer lässt die Erscheinungen deutlicher werden. Dabei wird der Faraday-Tyndall-Effekt an kolloidem Schwefel demonstriert.

Material Glasküvette (ca. 15 × 25 × 5 cm), Pipette, optische Bank (mit Lichtquelle und Spalt), Magnetrührer, Rührfisch, Teppichklebeband, wässrige Lösung von Natriumthiosulfat (Fixiersalz) (ca. 2 %ig), Salzsäure (ca. 5 %ig).

Aufbau Auf die Heizplatte des Magnetrührers wird durch die Mitte das Klebeband geklebt, darauf die Küvette gestellt, die mit der Natriumthiosulfatlösung gefüllt wird. Vor eine Schmalseite der Küvette wird die Lichtquelle gestellt, vor der sich der Spalt befindet. Das aus der Küvette heraustretende Licht soll an einer weißen Wand (weißer Schirm) zu sehen sein.

Warum ist der Himmel blau?

Durchführung — Die Lichtquelle wird eingeschaltet, der Raum wird abgedunkelt. Es ist die kegelförmige Ausbreitung des Lichtes zu sehen. Verunreinigungen durch Staubteilchen sind als kleine Lichtflecken zu sehen.

Durch tropfenweises Hinzufügen von Salzsäure wird kolloidaler Schwefel erzeugt (siehe chemische Reaktion). Eine leuchtende Trübung des Lichtkegels wird sichtbar; an der Wand ist eine Farberscheinung zu sehen, die anfangs weiß, dann orange, dann rot wird und zuletzt verschwindet (nach etwa 3–4 Minuten). Auch das Leuchten des Kegels verschwindet wieder, und es bleibt eine starke Trübung zurück. Von der Seite beobachtet man zuerst einen bläulichen Farbton, der allmählich in rot-gelb übergeht.

Diskussion — Die chemische Reaktion kann in der Form

$$Na_2S_2O_3 + 2\ HCl \rightarrow 2\ NaCl + H_2S_2O_3$$

$$H_2S_2O_3 \rightarrow H_2O + SO_2 + S$$

angegeben werden.

Zunächst bilden sich sehr kleine Schwefelkörnchen, sodass die Bedingungen der Rayleigh-Streuung erfüllt sind und Blau am stärksten gestreut wird. Mit zunehmender Größe und Dichte der Schwefelkörner werden außer Blau auch die anderen Spektralfarben gestreut, sodass die Lösung weiß erscheint.

Rotes Licht wird am wenigsten gestreut, sodass es die Lösung weitgehend ungehindert (ohne Extinktion) durchläuft.

Variante — Als eine Variante eines Demonstrationsexperiments für die bevorzugte Streuung der kurzen Wellen kann man die Lichtstreuung durch Ätherdampf in einer Glaskugel von ca. 15 cm Durchmesser zeigen (mit Licht von einer Bogenlampe).

Bemerkung — Der Versuch ist eindrucksvoller (bessere Farben), wenn statt der Lichtquelle (z.B. einer Glühlampe) über eine Blende und einen Spiegel ein Sonnenlicht-Strahlenbündel durch die Küvette geleitet wird (Glühfäden geben gelbliches Licht!).

Statt Salzsäure kann auch konzentrierte Schwefelsäure (Konzentration > 18 %) benutzt werden.

Literatur — H., Hahn: Physikalische Freihandversuche Bd. I, II, III. Verlag von Otto Salle, Berlin 1905

Streuung elektromagnetischer Wellen

Hintergrundinformationen für Lehrer/ Erweiterungsmöglichkeiten

Eine exakte quantitative Behandlung der Streuung ist kompliziert und kann nicht Gegenstand des Unterrichts sein. Um aber wenigstens ein teilweises Verständnis für den Zusammenhang mit der Wellenlänge zu erzielen, kann man mit den Schülern die folgenden Grundgedanken für eine quantitative Behandlung der Streuung erarbeiten.

Einzelstreuer

Zentraler Punkt beim Verständnis der Blaufärbung des Himmels ist die Abhängigkeit der Intensität des gestreuten Lichtes von der Wellenlänge:

$$-\frac{dW}{dt} \propto \frac{1}{\lambda^4}.$$

Zunächst wird der Vorgang an einem einzelnen Streuobjekt (Atom, Molekül) betrachtet.

Eine elektromagnetische Welle (Primärwelle) trifft auf das Atom, und das elektromagnetische Wechselfeld übt eine Kraft auf die Ladungen im Atom aus. Diese geraten dabei in Schwingungen, deren Frequenz mit der der einlaufenden Welle übereinstimmt. Diese Schwingungen sind vergleichbar mit den Schwingungen der Ladungen in einer Antenne. Wie von einer Antenne wird eine Streuwelle (Sekundärwelle) abgestrahlt.

Die Feldstärken in der Sekundärwelle hängen nun von der **Beschleunigung** der Ladungen ab, **nicht** von ihrer **Geschwindigkeit**. Das ist – ohne dass man eine genauere Rechnung ausführen muss – mit dem Relativitätsprinzip verständlich: Die Ausbreitung elektromagnetischer Wellen erfolgt in allen Bezugssystemen in gleicher Weise, die sich gegeneinander mit konstanter Geschwindigkeit bewegen (z.B. ist die Größe der Lichtgeschwindigkeit dieselbe). Würde die Feldstärke der abgestrahlten Welle von der Geschwindigkeit der Ladungen abhängen, könnte sich ein Beobachter mit dieser Geschwindigkeit bewegen, sodass die Ladungen für ihn nun in Ruhe sind.

Entsprechend dem Relativitätsprinzip müsste dann auch von ruhenden Ladungen eine Welle abgestrahlt werden, im Widerspruch zu aller Erfahrung! Daher muss gelten

$Feldstärke_{abgestrahlt} \propto Beschleunigung\ \alpha$

Warum ist der Himmel blau?

Die Intensität I einer elektromagnetischen Welle (die Feldenergie) ist zum Quadrat der Feldstärke proportional, sodass $I \propto \alpha^2$ gilt.

Die Beschleunigung der im Atom schwingenden Ladungen kann man ermitteln, wenn man die Schüler daran erinnert, dass die Bewegung eines Elektrons auf einer Kreisbahn zustande kommt, wenn sich Schwingungen in x- und in y-Richtung (phasenverschoben um π/2) überlagern. Für ein Elektron (Masse m, Ladung e), das sich auf einer Kreisbahn (Radius R) bewegt, wird die erforderliche Radialkraft durch die Coulomb-Kraft zwischen Elektron und Kern aufgebracht:

$$F_{radial} = m \cdot \alpha_{radial} = m \cdot \omega^2 \cdot R = \frac{1}{4\pi\varepsilon_0} \cdot \frac{e^2}{R^2}.$$

Damit ergibt sich für die abgestrahlte Leistung, d.h. die Intensität der Streuwelle, die Proportionalität

$$I \propto \alpha_{radial}^2 = w^4 \cdot R^2 = (2\pi \cdot c)^4 \cdot R^2 \cdot \frac{1}{\lambda^4}.$$

Die Wellenlänge des roten Lichtes liegt bei λ = 780 nm, die des blauen Lichtes bei λ = 380 nm. Daher nimmt die Intensität einfallenden Lichtes durch Streuung im roten Wellenlängenbereich nur um etwa 1/16 der Intensitätsabnahme im blauen Bereich ab.

Bemerkung   Bei einer genaueren Behandlung dieser Streuung (Rayleigh-Streuung) müsste man erklären, dass durch die einfallende Welle im Atom ein elektrischer Dipol induziert wird, der mit der Frequenz der einlaufenden Welle eine erzwungene Schwingung ausführt. Daher hängt die Streuintensität auch von der Polarisierbarkeit der Atome ab.

Wie bei einer Radioantenne wird in der Richtung senkrecht zum Dipol die meiste Energie abgestrahlt; die Streustrahlung ist daher linear polarisiert.

Mehrere Streuer

Um das Verhalten von Licht beim Durchgang durch ein Medium zu verstehen, muss man seine Wechselwirkung mit mehreren Streuern betrachten.

Sind die Streuobjekte z.B. in einem regelmäßigen Gitter angeordnet, so löschen sich die von ihnen ausgehenden Streuwellen durch Interferenz wieder aus. Erst wenn die Streuer (kleine Teilchen bis hinunter zu atomaren Abmessungen) unregelmäßig verteilt sind, tritt eine Netto-Streuung auf.

Dabei gilt die oben plausibel gemachte Abhängigkeit von der Wellenlänge, wenn
- die Abmessungen der Streuer klein sind gegen die Wellenlänge des einfallenden Lichtes,
- die Streuer kugelförmige Gestalt haben,
- keine Wechselwirkung zwischen den Streuern vorhanden ist (z.B. unregelmäßig verteilte Atome in einem Gas.
- Die Streuung führt zu einer Schwächung des primär eingestrahlten Lichtes, ihm wird Energie entzogen. Dieser Effekt heißt Extinktion. Er wird quantitativ beschrieben mit der so genannten Extinktionskonstante K:

$$K = \frac{\Delta P}{P} \cdot \frac{1}{\Delta x}.$$

Darin ist P die Leistung des eingestrahlten Lichtes, ΔP die entnommene Leistung der Streustrahlung und Δx die Dicke der Schicht, die ein parallel begrenztes Strahlenbündel durchsetzt und in der die Streuung erfolgt. Man wird natürlich erwarten, dass diese Größe zur Zahl der Streuer in einem Volumen proportional ist. Die genaue Formel für Rayleigh-Streuung bestätigt das (keine Herleitung):

$$K = N_v \cdot \frac{8\pi^3}{3\varepsilon_0^2} \cdot \alpha^2 \cdot \frac{l}{\lambda^4}.$$

(ε_0 – Dielektrizitätskonstante; α – Polarisierbarkeit der Moleküle; N_V – Anzahldichte der streuenden Moleküle).

In einer klaren, staubfreien Atmosphäre streuen allein die einzelnen Luftmoleküle. Dann kann die Anzahldichte der Streuer durch die Avogadro-Konstante L ausgedrückt werden:
$N_V = L \times \rho$, ρ – Dichte der Luft.

Wir sehen damit, dass durch Messung der Leistung des gestreuten Lichtes und damit der Extinktionskonstanten der Atmosphäre die Avogadro-Konstante bestimmt werden kann.

MIE-Streuung

Bisher war vorausgesetzt worden, dass die Wellenlänge der elektromagnetischen Welle groß ist gegenüber der Abmessung der Streuer. Um den Einfluss von deren Größe zu erkennen, kann man einen Modellversuch mit der Wellenwanne durchführen.

In die Wellenwanne werden dazu ein Klötzchen aus Holz (oder einem ähnlichen festen Material) mit Abmessungen von ca. 2–4 cm gelegt: Es ist zweckmäßig, unterschiedliche Formen (Dreieck, kreisförmiger und quadratischer Querschnitt) zu wählen.

Man erkennt sofort, dass hier die Streuung praktisch nicht seitlich erfolgt. Im Gegenteil: Insbesondere wird nach vorn gestreut, wobei deutliche Interferenzbilder zu beobachten sind.

Diese Art Streuung tritt ebenfalls in der Atmosphäre auf, jedoch sind hier die Streuer Staubteilchen, Ruß, Aerosole, die Wassertropfen des Nebels oder die Eiskristalle der Zirruswolken.

Weil Streuung nicht nur beim sichtbaren Licht auftritt, sondern auch bei anderen elektromagnetischen Wellen, liegt eine ähnliche Situation vor bei der Streuung von Röntgenlicht an Molekülen (Molekülabmessung in der Größenordnung von 10^{-10} m; Wellenlänge der Röntgenstrahlung: einige 10^{-11} m).

Ein wichtiger Unterschied zur Rayleigh-Streuung kann mit dem genannten Modellversuch nicht gezeigt werden. Die quantitativ exakte Untersuchung zeigt, dass nicht mehr $K \propto \dfrac{l}{\lambda^4}$ gilt. Vielmehr wird der Exponent mit wachsender Streuergröße immer kleiner, bis bei Teilchengrößen von etwa $0{,}4 \times 10^{-6}$ m die Streuung im Gegensatz zur Rayleigh-Streuung von der Wellenlänge unabhängig wird. Die einfallende Strahlung wird nicht mehr gestreut, sondern absorbiert; die einfallende Energie wird in Wärme verwandelt.

Das Streulicht dieser großen Streuer ist dann weiß. Diese so genannte MIE-Streuung ist dann z.B. verantwortlich dafür, dass bei verschmutzter Luft das Blau des Himmels blasser wird, aber auch dafür, dass Wolken bei schönem Wetter weiß aussehen: „**Rayleigh macht den Himmel blau – MIE die Wolken weiß**".

Bemerkung Eine genaue theoretische Zusammenstellung der Formeln für Rayleigh- und MIE-Streuung einschließlich Diskussion ihrer Anwendungsbereiche innerhalb des elektromagnetischen Spektrums ist zu finden unter wwwold.first.fhg.de/persons/bwalter .

Anwendungen des Tyndall-Effekts (Lichtstreuung)

Die Streuung von Licht ist nicht allein für die Erklärung mancher Farberscheinungen verantwortlich; sie wird auch anderweitig genutzt. Einige Beispiele dafür:
- **Augenheilkunde/Differenzialdiagnostik:** Wenn man bei der Untersuchung des Augeninneren feststellt, dass das eingesetzte

Licht gestreut wird, weist dies auf Schwebeteilchen im Augenkammerwasser hin. Das können z.B. Proteine sein, die sich dort als Folge von Entzündungsprozessen gebildet haben.
- **Optischer Rauchmelder:** Sind Rauchpartikel in der Luft vorhanden, wird von ihnen Licht aus einem Lichtstrahl heraus seitlich auf einen lichtempfindlichen Sensor gestreut. Sobald die Intensität des Streulichts dabei einen definierten Schwellwert überschreitet, wird Alarm ausgelöst.
- **Anwendung im so genannten Ultramikroskop** (Immersionsmikroskop), mit dem Teilchen der Größe von ca. 10^{-8} m sichtbar gemacht werden können.
- **Nachweismethode in der Kolloidchemie**, z.B. bei der Herstellung von kolloidalem Silber (Desinfektionsmittel). (Kolloide sind kleinste Teilchen, in die ein Stoff zerteilt werden kann, ohne seine Eigenschaften zu verlieren und die sich in einem Lösungsmittel befinden.)

Unelastische Streuung

Bei der Rayleigh- und MIE-Streuung wird die Wellenlänge des einfallenden Lichtes nicht geändert; das Licht behält also seine Energie. Es gibt aber darüber hinaus andere wichtige Streuvorgänge, bei denen dies nicht der Fall ist: Die einfallende elektromagnetische Welle gibt Energie an den Streuer ab und die Frequenz verringert sich. Diese Art von Streuung heißt deshalb unelastische Streuung.

Zur Information sollen diese Mechanismen genannt werden. Da sie nur quantenmechanisch verstanden werden können, kann man sie wenigstens qualitativ bei der Behandlung des Teilchenbilds von Licht (über den Photoeffekt hinaus) den Schülern nahe bringen.

1. Raman-Streuung Diese Streuung wurde benannt nach ihrem Entdecker (1928), dem indischen Physiker Chandrasekharar Venkatat Raman (1888–1970; Nobelpreis für Physik 1930). Dabei findet man bei der Spektraluntersuchung des gestreuten Lichtes in Flüssigkeiten (z.B. Benzol) bei Benutzung kurzwelliger elektromagnetischer Wellen außer dem Streulicht mit der Frequenz der einfallenden Welle auch andere Frequenzen. Grund dafür ist, dass die einfallende Welle – genauer: die Photonen – die Moleküle des chemischen Stoffs zu Schwingungen oder zur Rotation anregt. Dabei geben sie ihre Energie ab. Man kann so auf den Bau von Molekülen schließen.

2. Brillouin-Streuung Wenn sich in einem festen Körper ein Schallfeld befindet, hat die gestreute elektromagnetische Welle eine um typischerweise 10 GHz geringere Frequenz. Diese Frequenzänderung kann nur so verstanden werden, dass die Photonen mit den Teilchen der Schallwelle, den Phononen, in Wechselwirkung treten und dabei Energie verlieren. Dieser Effekt ist benannt nach dem Physiker Leon Brillouin (1889–1969); er wurde nach theoretischer Vorhersage im Jahre 1930 experimentell bestätigt: Anwendung findet der Effekt z.B. in Laserverstärkern

3. Compton-Streuung (Compton-Effekt) Dabei werden hochenergetische elektromagnetische Wellen (also mit sehr kleinen Wellenlängen; mindestens im Röntgenbereich liegend) an frei beweglichen Elektronen gestreut. Die Welle ändert ihre Richtung und verringert die Frequenz. Dieser Effekt kann unter Anwendung von Energie- und Impulserhaltungssatz als Stoß zwischen Elektronen und Photonen beschrieben werden. Er ist damit ein wichtiger Beweis für das Teilchenbild des Lichtes. Entdecker war 1922 der amerikanische Physiker Arthur H. Compton (1892–1962), der dafür den Nobelpreis erhielt.

Geschichtliches

- Der arabische Mathematiker Abu Ali Hasan ibn Ali Haitham (latinisiert auch Alhazen oder „Der zweite Ptolemäus" genannt; ca. 965–1039; befasste sich u.a. mit der Konstruktion von Siebenecken und der Möndchenquadratur) beschreibt nicht nur, wie optische Spiegel funktionieren und entwickelt darin Parabolspiegel, sondern er äußert sich auch zum Grund für das Blau des Himmels: Er führt die Farbe des Himmels auf die „Reflexion" des einfallenden Sonnenlichts an „Teilchen" in der Luft zurück. Sein Werk „Große Optik/Schatz der Optik"/Kitab al-manzir) stand bis ins 17. Jahrhundert in großem Ansehen.
- Dietrich von Freiberg (Theologe und Philosoph) denkt im 14. Jahrhundert über eine Erklärung für das Himmelsblau nach. Er berichtet in seinem Buch „De iride" („Über den Regenbogen") über Experimente mit Wasserkugeln und erklärt viele Aspekte der Regenbogenbildung.
- Leonardo da Vinci (1452–1519): Auch er nahm an, dass Verunreinigungen, die immer in der Luft vorhanden sind, die Farbe des Himmels verursachen: „Ich sage, dass das Blau, das wir in der Atmosphäre sehen, nicht deren eigene Farbe ist, sondern verursacht wird durch einen warmen Dunst verdampfter Atome, auf welchen Sonnenstrahlen fallen. [...] Wenn man eine kleine Menge Rauch aus trockenem Holz erzeugt, Sonnenlicht darauf fallen lässt und ein Stück schwarzen Samt dahinter hält, auf das kein direktes Licht fällt, so wird man sehen, dass der Rauch vor dem schwarzen Tuch blau erscheint. [...] Wasser, versprüht in einer dunklen Kammer und mit einigen Sonnenstrahlen beschienen, leuchtet blau. Daraus folgt, wie ich sage, dass die Atmosphäre den azurblauen Farbton annimmt, weil feuchte Partikel die Sonnenstrahlen fangen."

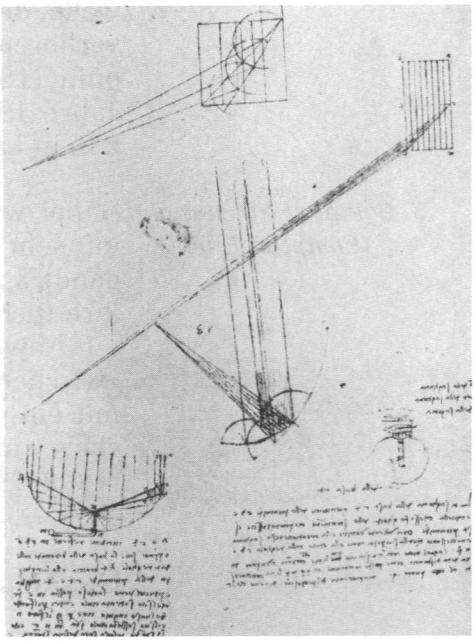

- Newton vermutete, dass Wasser in der Atmosphäre die blaue Farbe des Himmels verursacht.
- Faraday entdeckte bereits 1857 das Phänomen der Lichtstreuung: Licht wird aus einem, durch eine Schwebeteilchen enthaltende Flüssigkeit, hindurchtretenden Strahlenbündel *seitlich* herausgestreut, sodass der gesamte Lichtstrahl auch von der Seite aus sichtbar wird. Alltagsbeobachtungen: Sonnenstrahlen, die eine Nebelbank durchbrechen, sind von der Seite sichtbar; Lichtkegel von Scheinwerfern in Nebel oder Wolken werden sichtbar usw.
- John Tyndall (1820–1893; seit 1853 Professor der Physik an der Royal Institution; Nachfolger Faradays; berühmt wegen seiner Experimentierkunst und allgemein-verständlich geschriebener Darstellungen der Physik) untersuchte diese Erscheinung genauer an submikroskopischen Schwebeteilchen in kolloiden Lösungen. Er fand (1868), dass als eine wichtige Voraussetzung für das Streuphänomen die Streupartikel viel kleiner sein müssen als die Wellenlänge des Lichtes. Insbesondere wies er nach, dass das gestreute Licht polarisiert ist. Durch ein Polarisationsfilter (Polaroidgläser) betrachtet, erscheint der Himmel in tieferem Blau als mit bloßem Auge betrachtet. Nach ihm wird das Beugungsphänomen auch als Tyndall-Effekt bezeichnet.
- John William Strutt, der spätere Lord Rayleigh (1842–1919; 1879 Nachfolger von Maxwell am Cavendish-Laboratorium in Cambridge; Professor der Experimentalphysik an der Royal Institution in London; forschte auf fast allen Gebieten der Physik; Entdecker des Edelgases Argon; 1904 Nobelpreis für Physik) entwickelte 1899 die theoretischen Grundlagen für eine quanti-

Warum ist der Himmel blau?

tative Untersuchung der Streuung. Dabei musste er mit Annahmen über gewisse Eigenschaften von Molekülen arbeiten (z.B. Moleküle als schwingende Dipole), über die man damals noch gar nichts wusste. Als entscheidenden Unterschied gegenüber bis dahin üblichen Erklärungen für die blaue Farbe des Himmels fand er, dass dafür nicht die Streuung an Verunreinigungen der Luft verantwortlich ist, sondern die Streuung an den einzelnen Luftmolekülen.

- Ein wichtiges Ziel vieler Arbeiten von Einstein bestand darin, aus gut untersuchten Eigenschaften von Gasen und Flüssigkeiten (z.B. der Brownschen Bewegung) und von beobachtbaren Größen aus auf die Anzahl und die Eigenschaften von Molekülen zu schließen. Die einzigen Annahmen waren:
  - Das Gas besteht überhaupt aus Molekülen.
  - Aufgrund der Bewegung der Moleküle entstehen Dichteschwankungen.

1910 veröffentlichte Einstein eine Arbeit, in der er die so genannte kritische Opaleszenz theoretisch untersuchte. Diese Erscheinung – in der Nähe des kritischen Punktes werden Flüssigkeiten trübe und streuen das Licht – war bereits zuvor von dem Physiker Smoluchski experimentell untersucht worden.

Dabei fand Einstein als Spezialfall seiner Theorie auch die ein Jahrzehnt zuvor von Rayleigh abgeleitete Gleichung für die Extinktionskonstante, obwohl er der Frage nach dem Himmelsblau gar nicht nachgegangen war. Ein Ergebnis, dass mit dazu beitrug, auch die letzten damaligen Zweifler an der realen Existenz der Atome und Moleküle zu überzeugen!

(Einstein, A.: Theorie der Opaleszenz von homogenen Flüssigkeiten und Flüssigkeitsgemischen in der Nähe des kritischen Punktes. Annalen der Physik, Seite 1275, Band 33, 1910)

Arbeitsblatt „Streuung elektromagnetischer Wellen"

Licht kann von Materie gestreut werden.

Das einfallende Licht wird als eine ebene elektromagnetische Welle beschrieben.

Das im Atom gebundene Elektron wird durch die elektromagnetischen Kräfte der Welle zu einer erzwungenen, gedämpften Schwingung angeregt.

Diese Schwingungen stellen einen oszillierenden Dipol dar. Er strahlt Kugelwellen aus.

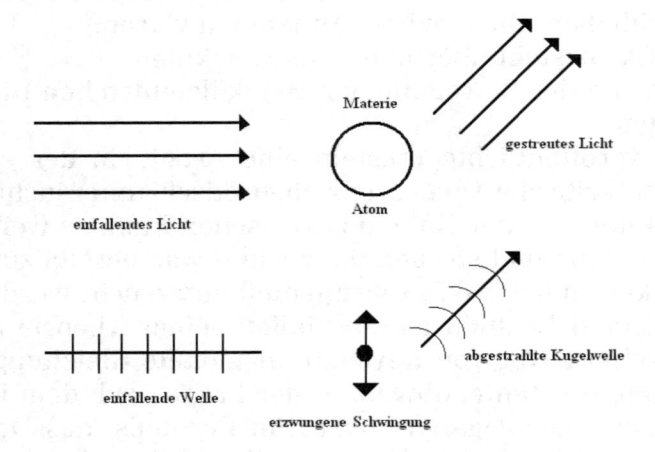

Die Frequenz der Kugelwelle ist die gleiche wie für die einfallende Welle. (elastische Streuung)

Streuquerschnitt $\sigma(\omega) \equiv \dfrac{\text{abgestrahlte Leistung}}{\text{einfallende Leistung pro Fläche}}$

Für Streuung von Licht an einem Elektron gilt

$$\sigma(\omega) = \frac{8\pi}{3} \cdot \left(\frac{e^2}{m_e c^2}\right)^2 \cdot \frac{\omega^4}{(\omega_0^2 - \omega^2)^2 + \omega^2 \Gamma^2}$$

- ω – Frequenz der einfallenden Welle, ω_0 – Eigenfrequenz des Elektrons

- Γ – Dämpfungskonstante

Für kleine Frequenzen gilt damit genähert

$$\sigma(\omega) \approx A \cdot \frac{\omega^4}{(\omega_0)^4} \propto \frac{1}{\lambda^4} \quad \text{(Rayleigh-Streuung)}$$

5 → Die Farben des Himmels

von Claudia Ried

Erforderlicher Wissensstand der Schüler	■ Die Schüler sollten mit den Phänomenen Brechung und Reflexion bereits vertraut sein. ■ Die Schüler sollten das Farbenspektrum kennen (Prismenzerlegungen, Reihenfolge der Farben etc.). ■ Die Schüler sollten ein minimales Grundwissen zu Schwingungen und Wellen haben (Wellenlänge, Frequenz, …).
Lernziele der Unterrichtssequenz	Die Schüler sollen … ■ wissen, dass sich die Himmelsfarben nicht mit den Phänomenen Brechung und Reflexion erklären lassen können. ■ Bedingungen für Rayleigh-Streuung nennen können. ■ den Zusammenhang zwischen Streuungsrate und Wellenlänge bei der Rayleigh-Strahlung kennen. ■ die Entstehung des Himmelblaus erklären können. ■ die Entstehung des Abend- bzw. Morgenrots erklären können.
Unterrichtsmethode	■ Stillarbeit ■ Textarbeit ■ Partnerarbeit ■ Unterrichtsgespräch

Hinweise auf benötigte Materialien	■ Farbfolie eines Sonnenuntergangs bzw. -aufgangs
	■ Benötigte Kopien:
	  ❏ M1 und M2 je in halber Klassenstärke
	  ❏ M3 als Klassensatz
	  ❏ M4 und M6 je einmal als Folie

Unterrichtsverlauf *Einstieg, Motivation*	Motivation mithilfe der Farbfolie. Das Ziel dieser Unterrichtsstunde ist es, herauszufinden, wieso wir den Himmel tagsüber blau sehen und wie Abend- und Morgenrot entstehen. Die Schüler können Vermutungen äußern.

- Formulierung der Überschrift: Wie kommen die Himmelsfarben zustande?
  a) Entstehung des Himmelsblaus
  b) Entstehung des Abend- bzw. Morgenrots (Übernehmen ins Schülerheft)

Der Lehrer stellt klar, dass die Entstehung der Himmelsfarben nicht auf die Farbzerlegung des Sonnenlichts durch Beugung zurückzuführen ist, sondern dass es sich hier um ein Streuungsphänomen handelt.

Um was für eine Streuung es sich dabei handelt und wie sich daraus die Himmelsfarben ergeben, dass können die Schüler mithilfe eines Arbeitsblatts selbst herausfinden.

Erarbeitungsphase   Der Lehrer teilt die Klasse in zwei Gruppen ein, die sich jeweils mit einem der Phänomene „Himmelsblau" oder „Morgen-/Abendröte" beschäftigen. Dabei ist es sinnvoll, die Schüler in ihrer Sitzordnung abwechselnd dem einen und dem anderen Thema zuzuordnen, sodass Nachbarn jeweils unterschiedliche Themen bearbeiten. Jeder Schüler erhält die entsprechende Arbeitsanweisung **M1** bzw. **M2** sowie eine Kopie von **M3**.

Tipp: Es ist hierbei hilfreich, die beiden unterschiedlichen Arbeitsanweisungen M1 und M2 auch farblich zu unterscheiden, um die Zugehörigkeit zu einem bestimmten Thema hervorzuheben.

Die Schüler arbeiten in Stillarbeit anhand ihres Arbeitsblatts (**M1** bzw. **M2**). Der Lehrer steht für Fragen zur Verfügung.

Vertiefungsphase   Anschließend tauschen sich die Schüler über ihre Ergebnisse aus. Dazu gehen sie paarweise mit einem (falls nötig auch zwei) Nachbarn zusammen. Da beide Partner unterschiedliche Themen bearbeitet haben, erklären sie sich nacheinander die Entstehung des jeweils von ihnen behandelten Farbphänomens.

Zur Strukturierung der Vorgehensweise der Schüler beim Erklären ihrer Ergebnisse legt der Lehrer die Folie **M3** auf.

Anmerkung: Da der Lesetext bei allen Schülern identisch ist, vertiefen die Schüler ihr Verständnis des Textes, indem sie ihn gemeinsam wiederholen. Außerdem stellen sie so fest, dass für das Himmelsblau und das Abendrot jeweils das gleiche Phänomen verantwortlich ist.

Die Farben des Himmels

Sicherungsphase Nach der Partnerarbeit fasst der Lehrer im Unterrichtsgespräch die Ergebnisse mit einer abschließenden Skizze (siehe **M5**) zusammen. Dabei kann er einige der von den Schülern aufgeschriebenen Fragen zum Lesetext über die Rayleigh-Streuung im Plenum vorlesen und von den Schülern beantworten lassen.

Der Lehrer erstellt die Gruppe 1 und 2 umfassende Skizze (siehe **M5**), und die Schüler übernehmen diese in ihr Heft. Der Text (Grobfassung siehe **M5**) sollte gemeinsam mit den Schülern entstehen.

Zur Vertiefung können noch gemeinsam die Fragen auf der Folienvorlage **M6** diskutiert werden (**M7**). Ansonsten kann **M6** auch als Wiederholungsfolie in der Folgestunde dienen.

Gruppe 1 „Wie entsteht das Himmelsblau?"

Für die Entstehung des Himmelsblaus sind Streueffekte des Sonnenlichts in der Erdatmosphäre verantwortlich. Dabei handelt es sich um so genannte Rayleigh-Streuung an den Molekülen in der Luft. Um dies besser verstehen zu können, gehe folgendermaßen vor:

1. Lesetext

Lies dir den nachfolgenden Text über die Rayleigh-Streuung aufmerksam durch und unterstreiche die Textstellen farbig, die dir besonders wichtig erscheinen.

Streuung tritt auf, wenn eine Lichtwelle auf einen Streukörper trifft. Die dabei resultierende Art der Streuung hängt von der Größe der Streukörper sowie von ihrer Anordnung ab. Man spricht von Rayleigh-Strahlung (nach dem englischen Physiker Lord Rayleigh), wenn folgende Bedingungen erfüllt sind:

1. Die Größe der Streukörper ist deutlich kleiner als die Wellenlänge des eingestrahlten Lichtes.
2. Die verschiedenen Streukörper sind so weit voneinander entfernt, dass man Wechselwirkungen zwischen diesen vernachlässigen kann. Außerdem sind die Streukörper zufällig (und nicht regelmäßig) im Raum verteilt – wie die Luftmoleküle in der Atmosphäre.

Geht Licht durch ein solches Streumedium, so veranlasst es die Ladungen in den Atomen der Streukörper zu Schwingungen. Dabei verliert das Licht Energie. Zwar senden die angeregten Atome ebenfalls wieder Licht aus, aber nicht nur in die ursprüngliche Richtung, sondern kugelförmig in alle Richtungen. Die Intensität der Streuung K und damit die Intensitätsabnahme des einfallenden Lichtes hängt von dessen Wellenlänge λ ab.

Es gilt: $K \sim 1/\lambda^4$ bzw. $K = c \cdot 1/\lambda^4$, wobei c eine geeignete Konstante ist. Bei Licht verschiedener Wellenlänge kommt es also zu unterschiedlichen Intensitätsabnahmen. Die Wellenlänge von rotem Licht liegt im Bereich von 780 nm und ist damit etwa doppelt so groß wie die des violetten oder blauen Lichtes ($\lambda = 380$ nm).

Daraus folgt:

$K_{rot} = c \cdot 1/(\lambda_{rot})^4 = c \cdot 1/(2\lambda_{blau})^4 = 1/2^4 \cdot c \cdot 1/(\lambda_{blau})^4 = 1/16 \cdot c \cdot 1/(\lambda_{blau})^4 = 1/16 \cdot K_{blau}$.

Blaues Licht nimmt also um ein 16-faches stärker an Intensität ab als rotes Licht.

2. Fragen

Überlege dir zwei Fragen, die ein Leser nach der Lektüre des obigen Textes beantworten können müsste. Schreibe diese Fragen in dein Heft.

3. Erklärung

Wenn wir in den Himmel schauen, so wird ein Teil des weißen Sonnenlichts an den Luftteilchen in der Atmosphäre zu uns gestreut. Wie im obigen Text erläutert, wird das blaue Licht am stärksten gestreut. Es kommt also vor allem blaues Licht bei uns an – und der Himmel erscheint uns blau. Die blaue Farbe des Himmels stammt also als gestreuter blauer Anteil aus dem weißen Sonnenlicht.

Übernimm oder klebe die Skizze auf dem Extrablatt in dein Heft und beschreibe knapp, wie das Himmelsblau entsteht.

Die Farben des Himmels

M2

Gruppe 2 „Wie entsteht das Abendrot?"

Für die Entstehung des Abend- oder Morgenrots sind Streueffekte des Sonnenlichts in der Erdatmosphäre verantwortlich. Dabei handelt es sich um so genannte Rayleigh-Streuung an den Molekülen in der Luft. Um dies besser verstehen zu können, gehe folgendermaßen vor:

1. Lesetext

Lies dir den nachfolgenden Text über die Rayleigh-Streuung aufmerksam durch und unterstreiche die Textstellen farbig, die dir besonders wichtig erscheinen.

Streuung tritt auf, wenn eine Lichtwelle auf einen Streukörper trifft. Die dabei resultierende Art der Streuung hängt von der Größe der Streukörper sowie von ihrer Anordnung ab. Man spricht von Rayleigh-Strahlung (nach dem englischen Physiker Lord Rayleigh), wenn folgende Bedingungen erfüllt sind:

1. Die Größe der Streukörper ist deutlich kleiner als die Wellenlänge des eingestrahlten Lichtes.

2. Die verschiedenen Streukörper sind so weit voneinander entfernt, dass man Wechselwirkung zwischen diesen vernachlässigen kann. Außerdem sind die Streukörper zufällig (und nicht regelmäßig) im Raum verteilt – wie die Luftmoleküle in der Atmosphäre.

Geht Licht durch ein solches Streumedium, so veranlasst es die Ladungen in den Atomen der Streukörper zu Schwingungen. Dabei verliert das Licht Energie. Zwar senden die angeregten Atome ebenfalls wieder Licht aus, aber nicht nur in die ursprüngliche Richtung, sondern kugelförmig in alle Richtungen. Die Intensität der Streuung K und damit die Intensitätsabnahme des einfallenden Lichtes hängt von dessen Wellenlänge λ ab.

Es gilt: $K \sim 1/\lambda^4$ bzw. $K = c \cdot 1/\lambda^4$, wobei c eine geeignete Konstante ist. Bei Licht verschiedener Wellenlänge kommt es also zu unterschiedlichen Intensitätsabnahmen. Die Wellenlänge von rotem Licht liegt im Bereich von 780 nm und ist damit etwa doppelt so groß wie die des violetten oder blauen Lichtes (λ = 380 nm).

Daraus folgt:

$K_{rot} = c \cdot 1/(\lambda_{rot})^4 = c \cdot 1/(2\lambda_{blau})^4 = 1/2^4 \times c \cdot 1/(\lambda_{blau})^4 = 1/16 \cdot c \cdot 1/(\lambda_{blau})^4 = 1/16 \cdot K_{blau}$.

Blaues Licht nimmt also um ein 16-faches stärker an Intensität ab als rotes Licht.

2. Fragen

Überlege dir zwei Fragen, die ein Leser nach der Lektüre des obigen Textes beantworten können müsste. Schreibe diese Fragen in dein Heft.

3. Erklärung

Wenn wir in Richtung der auf- oder untergehenden Sonne schauen, so wird ein Teil des weißen Sonnenlichts an den Luftteilchen in der Atmosphäre gestreut. Wie im obigen Text erläutert, wird das blaue Licht am stärksten gestreut. Es kommt also vor allem rotes Licht bei uns an – und die Sonne und ihre Umgebung erscheinen uns rot.

Übernimm oder klebe die Skizze auf dem Extrablatt in dein Heft und beschreibe knapp, wie das Abendrot entsteht.

Die Farben des Himmels

M3

Kopiervorlage

Gruppe A – Himmelsblau

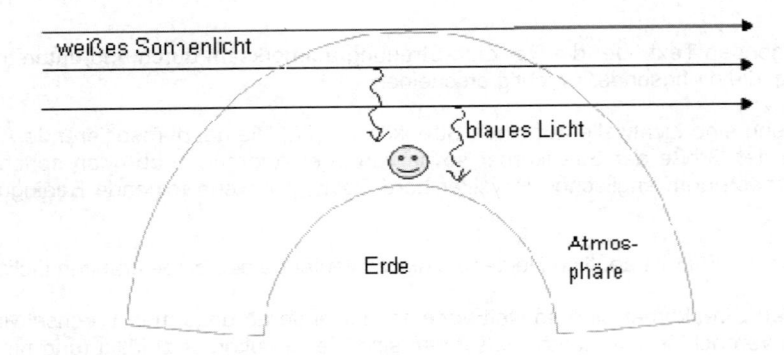

weißes Sonnenlicht
blaues Licht
Erde
Atmosphäre

Gruppe 2 – Abendrot

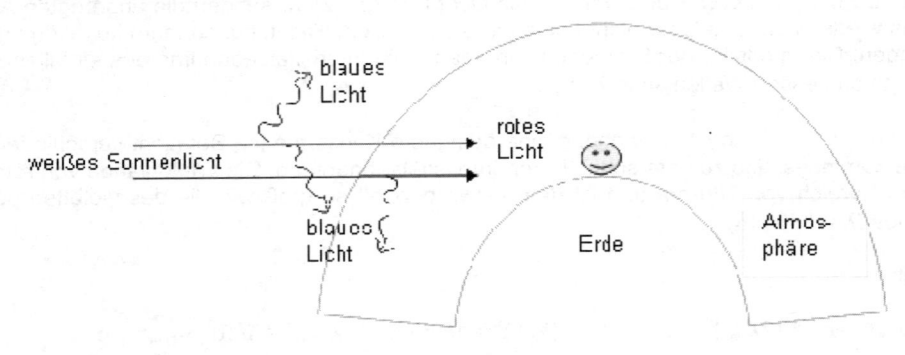

blaues Licht
weißes Sonnenlicht
rotes Licht
blaues Licht
Erde
Atmosphäre

Die Farben des Himmels

M4 / M6

**„Wie sollen wir beim gegenseitigen Erklären
der Entstehung der Himmelsfarben vorgehen?"**

1. Ihr habt beide den gleichen Lesetext bearbeitet. Fasst das Wichtigste dieses Textes noch einmal gemeinsam zusammen.

2. Stellt eurem Partner die von euch ausgedachten Fragen zum Text. Korrigiert die Antwort, falls nötig.

3. Erklärt euch gegenseitig, wie die Entstehung der Himmelsfarben zustande kommt. Der Partner aus Gruppe 1 (Himmelsblau) beginnt.

„Weiter gefragt"

1. In welcher Farbe würde uns der Himmel am Tag erscheinen, wenn alle Farben gleich stark gestreut werden würden?

2. In welcher Farbe würde uns der Himmel am Tag erscheinen, wenn keine Streuung an den Luftmolekülen stattfinden würde?

3. An Nebeltropfen wird das Licht aller Wellenlängen weitgehend gleich stark gestreut. Welche Konsequenzen ergeben sich daraus für die Farbe der (Schäfchen-)Wolken?

4. Wie könnten sich wohl Verunreinigungen in der Luft auf die Himmelsfarben auswirken?

5. Gewitterwolken sehen wir als blau bis grau. Was können wir daraus für die Absorption des Sonnenlichts an den großen Wassertropfen in diesen Wolken vermuten?

6. In welcher Farbe würde uns die Sonne am Abend erscheinen, wenn alle Farben gleich stark gestreut werden würden?

7. In welcher Farbe würde uns die Sonne am Abend erscheinen, wenn keine Streuung an den Luftmolekülen stattfinden würde?

8. In welcher Farbe würden wir den Himmel vom Mond aus sehen?
   Erkläre deine Antwort.

9. In welcher Farbe würden wir die Sonne am „Mondabend" vom Mond aus sehen? Erkläre deine Antwort.

10. Worin liegt der prinzipielle Unterschied bei der Entstehung des (farbigen) Regenbogens und der Himmelsfarben?

Die Farben des Himmels

Wie kommen die Himmelsfarben zustande?

1. Himmelsblau
2. Abend- bzw. Morgenrot

Eigenständiger Hefteintrag der Schüler für Thema 1 oder 2

Fragen: _____

Skizze: _____

Erklärung: _____

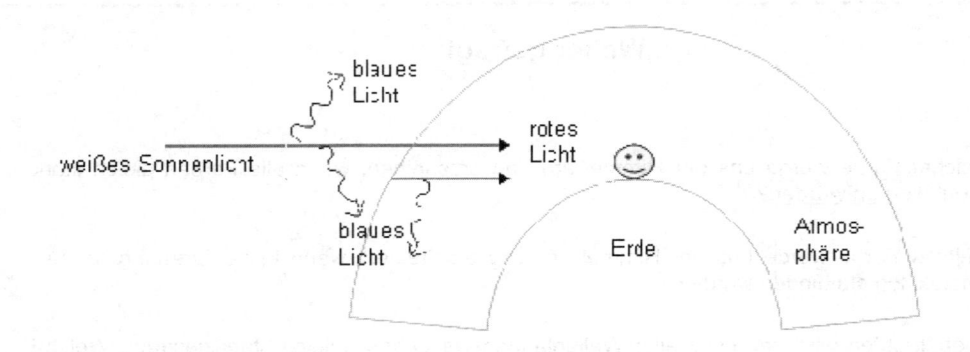

Das weiße Sonnenlicht wird an den **Luftmolekülen** in der Erdatmosphäre gestreut. Es handelt sich um so genannte **Rayleigh-Streuung.** Bei einer solchen Streuung ist die Intensitätsabnahme abhängig von der Wellenlänge des Lichtes, und zwar $\sim 1/\lambda^4$. Das bedeutet, dass **kurzwelligeres Licht stärker gestreut wird als langwelliges.** Deshalb wird das blaue Licht in unserer Atmosphäre deutlich mehr gestreut als das langwelligere rote Licht.

1. Vom Himmel können wir **nur** das Licht sehen, das zu uns gestreut wird – also vor allem blaues Licht. Das führt zum **Himmelsblau.**

2. Aus dem Licht, das **direkt** von der Sonne zu uns kommt, wird ein Großteil des blauen Lichtes herausgestreut, weshalb uns die Sonne am Abend und am Morgen – wenn der Weg durch die Atmosphäre **besonders lang** ist – **rötlich** erscheint.

Die Farben des Himmels

Lösung zu M6

1. In welcher Farbe würde uns der Himmel am Tag erscheinen, wenn alle Farben gleich stark gestreut werden würden? **weiß/hell**

2. In welcher Farbe würde uns der Himmel am Tag erscheinen, wenn keine Streuung an den Luftmolekülen stattfinden würde? **schwarz**

3. An Nebeltropfen wird das Licht aller Wellenlängen weitgehend gleich stark gestreut. Welche Konsequenzen ergeben sich daraus für die Farbe der (Schäfchen-)Wolken? **Das Licht, das von den Wolken kommt, enthält alle Farben im gleichen Anteil. Sie erscheinen uns deshalb weiß.**

4. Wie könnten sich wohl Verunreinigungen in der Luft auf die Himmelsfarben auswirken? **Sie verstärken die Himmelsfarben.**

5. Gewitterwolken sehen wir als blau bis grau. Was können wir daraus für die Absorption des Sonnenlichts an den großen Wassertropfen in diesen Wolken vermuten? **Das rote Licht wird von den großen Tropfen stärker absorbiert, und die Wolken erscheinen uns in den Komplementärfarben.**

6. In welcher Farbe würde uns die Sonne am Abend erscheinen, wenn alle Farben gleich stark gestreut werden würden? **weiß**

7. In welcher Farbe würde uns die Sonne am Abend erscheinen, wenn keine Streuung an den Luftmolekülen stattfinden würde? **weiß**

8. In welcher Farbe würden wir den Himmel vom Mond aus sehen?
   Erkläre deine Antwort.
   Schwarz, weil der Mond keine Atmosphäre besitzt, an der das Sonnenlicht gestreut werden könnte.

9. In welcher Farbe würden wir die Sonne am „Mondabend" vom Mond aus sehen? Erkläre deine Antwort. **weiß, weil der Mond keine Atmosphäre besitzt, an der das Sonnenlicht gestreut werden könnte.**

10. Worin liegt der prinzipielle Unterschied bei der Entstehung des (farbigen) Regenbogens und der Himmelsfarben? **Die Entstehung des Regenbogens beruht auf Beugung des Lichtes, die der Himmelsfarben auf Streuung des Lichtes.**

6 Phänomenbeschreibung: Himmelblau und Abendrot – Streuung von Licht

von Dr. Holger Schmitz

Erforderlicher Wissensstand der Schüler

Bekannt sein sollen die Grundsätze der Strahlenoptik, speziell Brechung und Reflexion.

Darüber hinaus sollten Grundsätze der Entstehung elektromagnetischer Wellen, Beugung und Interferenz sowie die Polarisation des Lichtes (Brewster-Gesetz) besprochen sein.

Lernziele der Unterrichtseinheit

Die Schüler sollen …
- das Phänomen der verschiedenen Farben des Himmels erklären und
- dieses Phänomen auf die Streuung des Lichtes zurückführen.

Unterrichtsmethode
- Unterrichtsgespräch
- Schülerversuche

Hinweise auf benötigte Materialien
- Folie M1: verschiedene Farben des Himmels. Arbeitsblatt M2.
- Für das Experiment werden ein Glasbehälter, eine Lichtquelle, etwas Milch sowie ein Polarisationsfilter benötigt.

Hintergrundinformationen für den Lehrer

Das Phänomen der verschiedenen Farben des Himmels muss mit der Luft zusammenhängen: In der dünnen Luft hoher Gipfel wie dem Mount Everest erscheint der Himmel dunkelviolett, in der fehlenden Luft auf dem Mond zeigt sich der Himmel schwarz, in unseren Breiten hellblau.

Das Sonnenlicht wird auf seinem Weg zur Erde mit den Molekülen der Luft zusammentreffen. Dabei wird es gestreut; kurzwelliges Licht (also die blauen Anteile) werden dabei stärker gestreut als die langwelligen, roten Anteile – der Himmel erscheint blau.

Dieses Phänomen lässt sich mithilfe eines einfachen Versuchs nachstellen, der darauf beruht, dass gestreutes Licht teilweise polarisiert ist. Durch Nachweis dieser Polarisation wird der Beweis der Streuung erbracht.

Phänomenbeschreibung

Unterrichtsverlauf

Einstieg, Motivation — Zum Einstieg dient eine Folie mit Aufnahmen verschiedener Farben des Himmels (siehe Folienvorlage **M1**). In einem Unterrichtsgespräch wird der Zusammenhang mit der Luft hergestellt, und die Leitfrage erarbeitet.

Leitfrage: Welche Rolle spielt die Luft bei der Färbung des Himmels?

Erarbeitung — Zur Klärung der Leitfrage führen die Schüler zunächst einen einfachen Versuch durch (siehe **M2**). Das Ergebnis dieses Versuchs zeigt, dass der Lichtstrahl im Wasser von der Seite aus betrachtet bläulich erscheint. Schaut man auf den Lichtstrahl von der Kopfseite des Wasserbeckens, so erscheint er rötlich.

Die Schüler werden bei der Diskussion der Ergebnisse vermuten, dass das Licht in der Flüssigkeit gestreut wird. Dabei werden einige Schüler auch den Schluss ziehen (entweder aus vorhandenem Vorwissen oder durch Überlegung), dass der blaue, kurzwelligere Teil des Lichtes stärker gestreut wird als der langwelligere rote Teil.

Diese Erklärung der Ergebnisse des Versuchs wird nun auf die Verhältnisse in unserer Atmosphäre übertragen – Streuung an Luftmolekülen anstatt an Molekülen der leicht trüben Flüssigkeit.

Zusatz — Mithilfe einer Polarisationsfolie kann an dem bereits bestehenden Versuchsaufbau gezeigt werden, dass gestreutes Licht polarisiert ist: Blickt man durch die Polarisationsfolie genau senkrecht zum Strahl auf denselben, so erweist er sich als polarisiert.

Phänomenbeschreibung

M1

Arbeitsblatt: „Wie entsteht die blaue Himmelsfarbe?"

Material:

- rechteckiger Wasserbehälter
- Wasser
- Milch
- Lichtquelle (das ein paralleles Lichtbündel erzeugt)
- Polarisationsfilter

Durchführung:

Füllen Sie den Behälter mit Wasser, fügen Sie einige Tropfen Milch hinzu. Platzieren Sie die Lichtquelle so, dass der Lichtstrahl durch die Flüssigkeit verläuft.

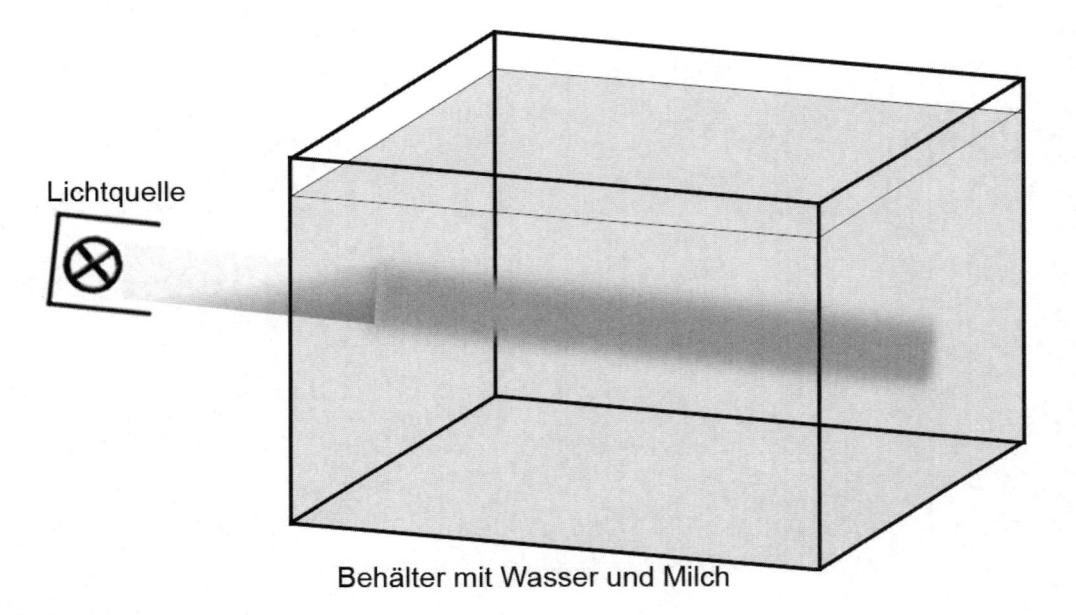

Abb. 2: Versuchsaufbau

- Beobachten Sie den Lichtstrahl zunächst senkrecht zu seiner Ausbreitungsrichtung – was können Sie bzgl. seiner Farbe aussagen? Welche Farbe nimmt der Strahl an, wenn Sie am Austrittsende des Behälters frontal in ihn hineinschauen?
- Finden Sie Erklärungen für Ihre Beobachtungen!

7 Weiterführende Aufgaben

Anschließend finden Sie einige Übungsaufgaben zum Themenbereich „Optik".

Nach der jeweiligen Aufgabenstellung haben wir den Schwierigkeitsgrad *„leicht"*, *„mittel"* oder *„schwer"* angegeben.

Die entsprechenden Lösungsblätter finden Sie auf der beiliegenden CD-ROM.

Lichtausbreitung

Geradlinige Lichtausbreitung

1. Baue eine Lochkamera aus zwei gut ineinander passenden Papprohren. Das Ende des einen Papprohres wird mit Transparentpapier verschlossen, das andere Ende mit Karton, in dessen Mitte mit einer Nadel ein feines Loch eingestochen wird. *(leicht)*

2. Bestimme mithilfe der Lochkamera die Höhe der Schule. *(mittel)*

3. Im Altertum stellten sich die Griechen vor, dass vom Auge Sehstrahlen ausgehen, die wie Fühler die Umgebung abtasten. Ein Körper wird nach dieser Vorstellung gesehen, wenn Sehstrahlen von ihm zurückgeworfen werden und ins Auge gelangen. Wie kann man diese Vorstellung widerlegen? *(leicht)*

4. Nenne einige „heiße" und „kalte" Lichtquellen. *(leicht)*

5. Man spricht oft von „indirekter Beleuchtung". Was versteht man darunter? Welche Vorteile hat sie? *(leicht)*

6. Kaleidoskop: Drei Spiegelstreifen von etwa 30 mm x 200 mm setzt man an den Längsflächen, nach innen spiegelnd, zu einem gleichseitigen Prisma zusammen und umklebt sie zur Fixierung mit Zeichenkarton. Die eine Stirnseite verschließt man mit Pappe, in die ein kleines Loch gestanzt ist, die andere Seite mit straffem Transparentpapier, nachdem man einige bunte, farbige Plastik- oder Glasstücke eingebracht hat. Man schüttelt, damit sich die bunten Stücke auf dem Transparentpapier verteilen, und blickt durch die Lochblende in das Kaleidoskop, das man gegen eine gut beleuchtete weiße Unterlage auf der Tischfläche richtet. *(leicht)*

7. Unterscheide bei den Gestirnen selbstleuchtende und beleuchtete Körper. *(leicht)*

8. Nenne Körper, die auch bei Tage nicht oder schwach sichtbar sind, weil sie auftreffendes Licht nicht streuen. *(leicht)*

9. Astronauten berichten, dass sie den Himmel – auch dicht neben der Sonne – völlig schwarz sahen. Warum? *(leicht)*

10. Warum sieht man sehr schlecht durch eine staubige Autoscheibe, vor allem wenn die Sonne scheint oder bei Gegenlicht? *(leicht)*

11. Auf welche Weise prüft der Tischler, ob eine Leiste gerade oder verbogen ist? *(leicht)*

12. Nenne drei beleuchtete und drei selbstleuchtende Körper. *(leicht)*

13. Wenn man im Herbst oder im Winter früh zur Schule geht, sollte man möglichst helle Kleidung anziehen. Erkläre, warum dunkle Kleidung nicht geeignet ist:

14. Nenne einen durchsichtigen, einen durchscheinenden und einen undurchsichtigen Körper und beschreibe deren Eigenschaften. *(leicht)*

15. Erkläre, warum die meisten Körper zu sehen sind, obwohl sie kein Licht aussenden. *(leicht)*

16. Warum kann man bei Tage aus einiger Entfernung nicht sehen, was hinter den geschlossenen Fensterscheiben eines Hauses vorgeht? *(mittel)*

17. Hat dunkles Bier dunkleren Schaum als helles? Warum sind Milch, Salz, Zucker, Schnee, Papier weiß? *(mittel)*

Weiterführende Aufgaben

M2

Seite 75

Lichtausbreitung

Geradlinige Lichtausbreitung

1. Warum sehen ferne Berge blau aus? *(schwer)*

2. Warum ist der Himmel am Tage blau, nachts aber schwarz? *(schwer)*

3. Warum wird in einem Spiegellabyrinth eine Glaswand sofort erkannt, wenn auf ihr ein Schmutzfleck ist?
   Begründe auch die Sichtbarkeit eines Glasfehlers (Blase), eines Greifvogels in großer Höhe, des Bildes auf einem bemalten Fenster, ein kleines Loch im gegen das Licht gehaltenen Topf! *(leicht)*

4. Versuche dein Zimmer vollständig zu verdunkeln. Siehst du noch etwas?
   Kannst du etwas sehen, wenn sich deine Augen nach einigen Minuten an die Dunkelheit gewöhnt haben? Dringt wirklich kein Licht ins Zimmer? *(leicht)*

5. Wenn du in ein unbeleuchtetes Zimmer hineingehst, siehst du zunächst gar nichts. Nach ein paar Minuten haben sich aber deine Augen „auf die Dunkelheit eingestellt". Was ist mit dieser Redewendung gemeint? *(leicht)*

6. Manche Lichtquellen sind sehr heiße Gegenstände. Andere erzeugen Licht ohne heiß zu werden. Welche Lichtquellen sind heiß, welche nicht? *(leicht)*

Lichtausbreitung

Schatten

1. Zeichne die Schatten. *(mittel)*

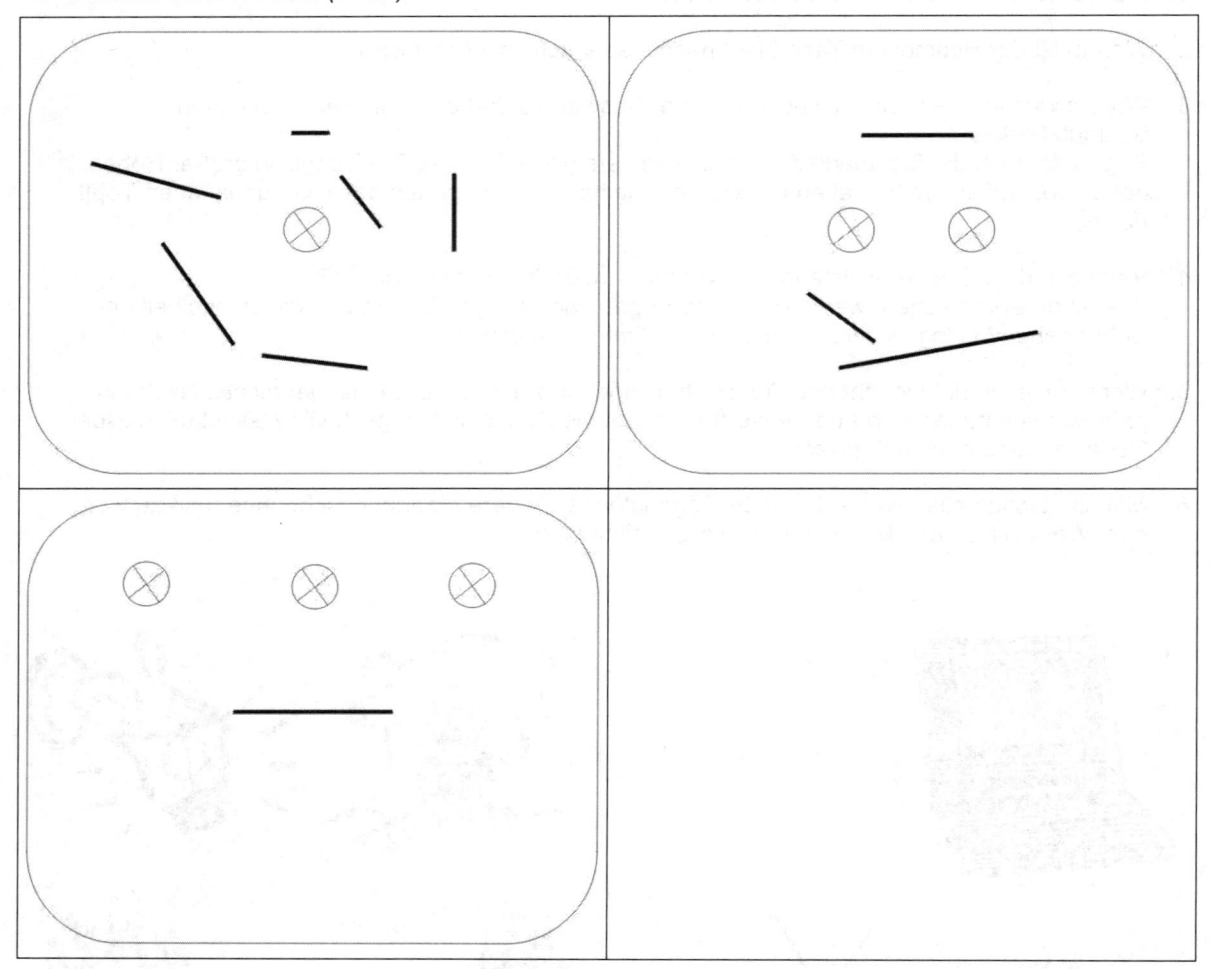

2. Die Mittelpunkte zweier Lampen sind 3 cm voneinander entfernt. 3 cm vor den Lampen steht ein 2 cm hoher, lichtundurchlässiger Gegenstand. Wie breit ist das Kernschattengebiet, das auf einem 5 cm vor den Lampen befindlichen Schirm entsteht? *(mittel)*

3. Ein 3 cm breiter Gegenstand wird von einer punktförmigen Lichtquelle beleuchtet. Die Lichtquelle befindet sich 4 cm vom Gegenstand entfernt.
Wie breit ist der Schatten, der vom Körper auf einen Schirm geworfen wird? Der Schirm befindet sich 8 cm hinter dem Gegenstand. Löse die Aufgabe mit Hilfe einer Zeichnung.
Wie verändert sich die Breite des Schattens auf dem Schirm, wenn die Lichtquelle parallel zum Schirm nach oben oder unten verschoben wird? *(mittel)*

Weiterführende Aufgaben

M3

4. Mithilfe einer Schreibtischlampe wird von einer 25 cm hohen Blumenvase ein Schatten an der Wand erzeugt. Die Lampe befindet sich 40 cm, die Vase 20 cm vor der Wand.
   Ermittle mit Hilfe einer maßstäblichen Zeichnung, wie hoch der Schatten der Vase an der Wand ist
   Wie verändert sich der Schatten, wenn die Vase näher an die Lampe herangeschoben bzw. weiter von der Lampe weggeschoben wird? *(schwer)*

5. In welche Richtung zeigt der Schatten eines Lichtmastes um 12 Uhr? *(leicht)*

6. Erkläre, warum es bei der Mondfinsternis Kern- und Halbschatten gab, obwohl nur eine Lichtquelle da ist. Skizziere den Strahlenverlauf! *(mittel)*

7. Schreibe Sprichwörter auf, in denen das Wort Schatten vorkommt. *(leicht)*

8. Tinas kleiner Bruder meint: „Der Schatten hängt von der Kleidung ab. Helle Kleidung macht helle Schatten und dunkle Kleidung dunkle." Was meinst du dazu? *(leicht)*

9. Tina behauptet: „Ohne Licht kein Schatten. In finsterer Nacht gibt es keinen Schatten." „Irrtum", entgegnet Michael, „bei Nacht gibt es nur Schatten".
   Wer von beiden hat Recht? Begründe. *(leicht)*

10. Welche Lichtquellen erzeugen scharf begrenzte Schatten? Bei welchen Lichtquellen ergeben sich unscharfe Ränder? *(leicht)*

11. Sieht man am Abend im Fernsehen eine Übertragung eines Fußballspieles, haben die Fußballer vier Schatten. Wie ist das zu erklären? *(leicht)*

12. Konstruiere die Schatten, die der Körper und die beiden Lampen erzeugen. *(leicht)*

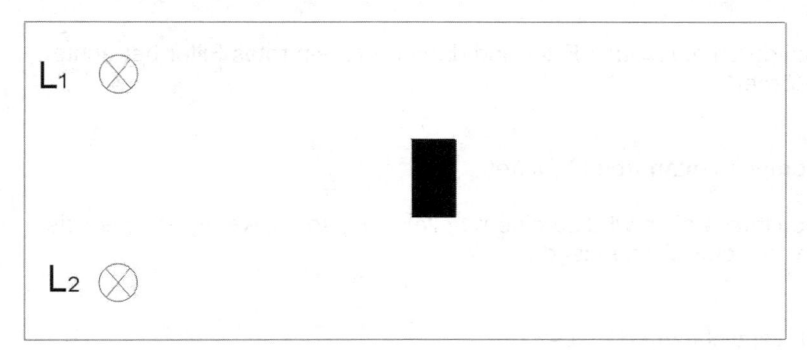

Lichtausbreitung

Farben

1. Was versteht man unter additiver und subtraktiver Farbmischung? Gib je ein Beispiel an! *(mittel)*

2. Wann nennen wir einen Körper weiß, wann rot? Wann nennen wir einen Körper schwarz? *(leicht)*

3. Welche Wirkung haben "Weißmacher" in Waschmitteln? *(leicht)*

4. Welche Farbe zeigt bei Tageslicht gelbe Kleidung, wenn sie in gelbem, in rotem oder in blauem Licht betrachtet wird? *(mittel)*

5. a) Warum ist das durch Mischen entstandene Grün bei Wasserfarben nie so leuchtend wie das Grün, dass im Malkasten bereits enthalten ist?
   b) Wie kann man spektralreines farbiges Licht von Mischlicht unterscheiden? *(mittel)*

6. Eine weiße Fläche wird gleichzeitig mit zwei gleich hellen Lampen unterschiedlicher Farbe bestrahlt. Die eine Lampe leuchtet rot, die andere grün. In welcher Farbe sieht man die Fläche?
   a) gelb
   b) grau
   c) violett
   d) braun
   e) weiß *(mittel)*

7. Das Sprichwort sagt: "In der Nacht sind alle Katzen grau". Begründe dieses Sprichwort mit Hilfe Deiner Kenntnisse über die Empfindlichkeit der lichtempfindlichen Zellen im Auge. *(mittel)*

8. Ein roter Körper wird einmal durch ein blaues Filter und dann durch ein rotes Filter betrachtet. Wie erscheint jeweils der Körper? *(mittel)*

9. Was versteht man unter Komplementärfarben? *(mittel)*

10. Das satte Blau von Kupfersulfatkristallen wird zu einem hellen Türkisblau, wenn man die Kristalle zu einem feinen Pulver zerreibt. Warum ist das so? *(mittel)*

11. Welches Licht senden „Schwarzlichtlampen" aus? Warum leuchten T-Shirts oder falsche Zähne auf, wenn sie mit diesem Licht bestrahlt werden? *(mittel)*

Weiterführende Aufgaben

M5

Seite 79

Reflexion des Lichtes

Ebener Spiegel

1. Zeichne zwei Spiegel, die senkrecht zueinander stehen. Untersuche mit vier verschieden einfallenden Strahlen, welche Eigenschaften die reflektierten Strahlen haben, die nacheinander auf die beiden Spiegel treffen. *(mittel)*

2. Auf dem Tisch liegt ein Spiegel von 50 cm Durchmesser. An der Decke in 2,0 m Höhe soll ein Lichtkreis von 1,5 m Durchmesser entstehen. Wo muss die Punktlichtquelle P sein?
(mittel)

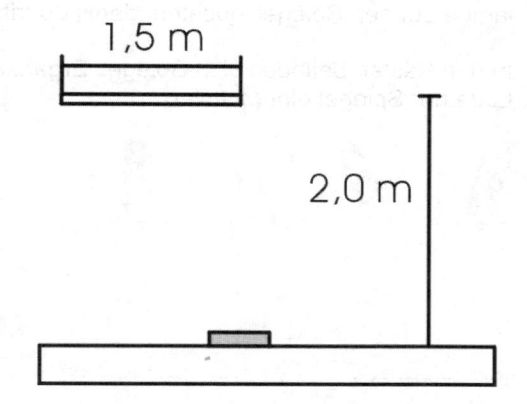

3. Wie groß ist bei der Reflexion am ebenen Spiegel der Einfallswinkel, wenn der Winkel zwischen reflektiertem Strahl und Spiegel 40° beträgt? *(mittel)*

4. Warum haben die Projektionswände für Dias oder Film eine rauhe und weiße Oberfläche? Warum verwendet man hierfür nicht Spiegel, die doch das Licht sehr gut reflektieren können? *(leicht)*

5. Auf einen ebenen Spiegel trifft ein Lichtstrahl. Der Spiegel dreht sich um den Auftreffpunkt um den Winkel 30°. Um welchen Winkel dreht sich der reflektierte Strahl? *(mittel)*

6. Warum sieht man im Spiegel rechts und links vertauscht, aber nicht oben und unten? *(leicht)*

7. Zeige mit Hilfe von Sätzen aus der Geometrie, dass beim Winkelspiegel des Feldmessers ankommender und reflektierter Strahl einen rechten Winkel bilden. Daher wird das Gerät zum Abstecken rechter Winkel im Gelände benutzt. *(mittel)*

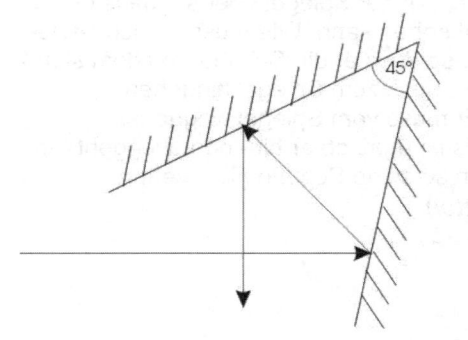

Weiterführende Aufgaben

M6

Seite 80

Reflexion des Lichtes

Ebener Spiegel

1. a) Lege oder stelle einen Spiegel auf den Tisch. Richte eine Taschenlampe auf den Spiegel. Wo wird das Licht auf die Wand oder die Decke treffen. Schalte die Lampe ein. Getroffen?
   b) Suche dir ein Ziel an Wand oder Decke. Von welcher Stelle aus musst du mit der Taschenlampe auf den Spiegel leuchten, damit du triffst? *(leicht)*

2. In den Kästen befinden sich Spiegel. Ergänzen Sie die Strahlenverläufe und zeichnen Sie die Lage der Spiegel ein! *(schwer)*

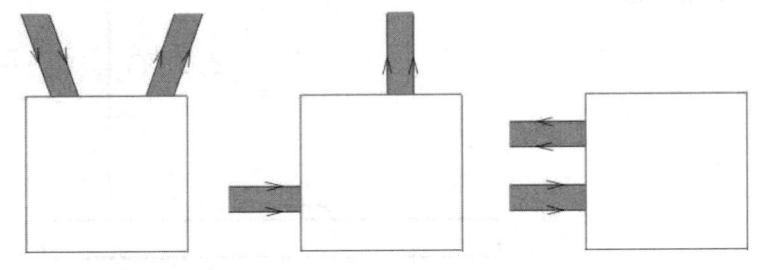

3. a) Wie lautet das Refelxionsgesetz?
   b) Zeichne den Strahlenverlauf an einem ebenen Spiegel und benenne alle Teile der Skizze! Der Einfallswinkel beträgt 60°.
   (leicht)

4. Tom hat neue blaue Schuhe bekommen und möchte sich gern im Spiegel bewundern. Leider hängt der Spiegel aber so, dass er sie nicht sehen kann. Wie muss er sich bewegen, so dass er die Schuhe trotzdem sieht?
   a) Er muss zum Spiegel hingehen.
   b) Er muss vom Spiegel weggehen.
   c) Es ist egal, ob er hin- oder weggeht, er kann so seine Schuhe nicht sehen.
   (mittel)

Weiterführende Aufgaben 7

M6 Seite 81

5. Welcher Stern ist zu sehen, wenn man durch das Fernrohr schaut und das Licht durch die Spiegel umgelenkt wird? *(mittel)*

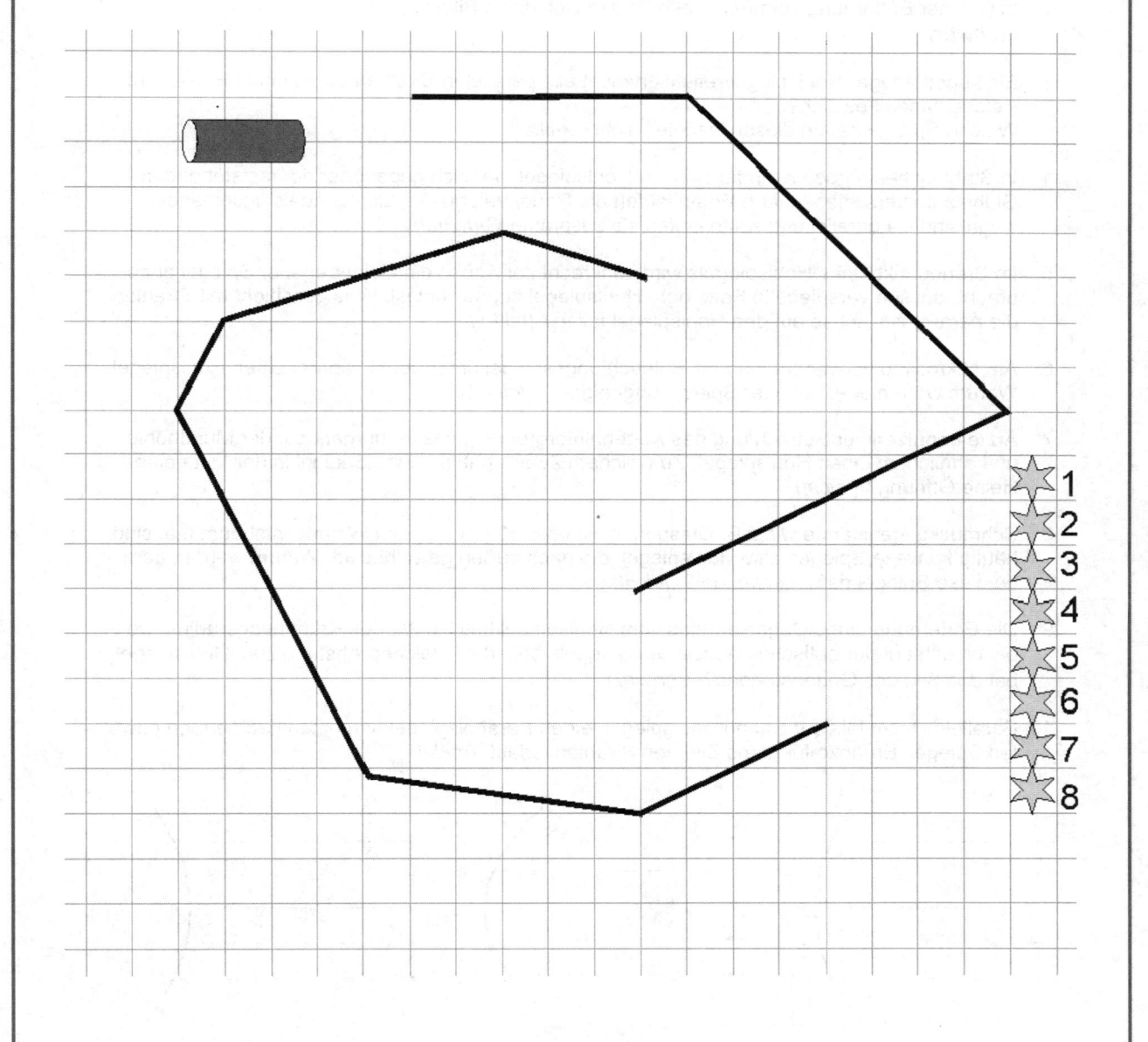

Reflexion des Lichtes

Sphärischer Spiegel

1. Nenne zwei Beispiele aus dem Alltag für die Anwendung des Hohlspiegels. Erkläre an einem Beispiel, welche Eigenschaft des Hohlspiegels dabei ausgenutzt wird. *(mittel)*

2. Wie weit muss ein Gegenstand vom Scheitel des Hohlspiegels (r=20 cm) entfernt sein, damit ein 5mal so großes a) reelles, b) virtuelles Bild entsteht?
   In welcher Entfernung vom Scheitel befinden sich diese Bilder?
   (schwer)

3. Ein kugelförmiger Hohlspiegel reflektiert nicht alle parallelen Strahlen durch einen Punkt. Um welche handelt es sich?
   Welche Spiegel haben diesen Nachteil nicht? *(mittel)*

4. In Stabtaschenlampen befindet sich ein Hohlspiegel, der sich gegenüber der feststehenden Glühlampe verschieben läßt. Wann laufen die Randstrahlen des Lichtbündels auseinander, wann sind sie parallel und wann laufen sie zusammen? *(mittel)*

5. Im Brennpunkt eines Hohlspiegels wird senkrecht zur Achse ein kleiner ebener Spiegel angebracht, dessen verspiegelte Seite dem Hohlspiegel zugewandt ist. Was geschieht mit Strahlen, die parallel zur Achse auf den Hohlspiegel fallen? *(mittel)*

6. Am Mikroskop verwendet man als Beleuchtungsspiegel unter dem Präparat einen Hohlspiegel. Warum wäre hier ein ebener Spiegel ungeeignet? *(leicht)*

7. Ärzte benutzen zur Betrachtung des Augenhintergrundes, des Gehörganges, der Mundhöhle und ähnlichem einen Hohlspiegel. Zu welchem Zweck haben diese Speigel in der Mitte eine kleine Öffnung? *(leicht)*

8. Schmuckgegenstände wie z.B. Glasperlen, Knöpfe, Kugeln für den Weihnachtsbaum u.a. sind häufig konvexe Spiegel, also Hohlspiegel, die nach außen gewölbt sind. Warum werden gerade diese Spiegel dafür verwendet? *(leicht)*

9. Die Entfernung eines Gegenstandes vom Hohlspiegel beträgt 2/3 des Krümmungsradius, wobei er sich auf der optischen Achse des Spiegels befindet. Welchen Abstand zum Hohlspiegel hat das Bild des Gegenstandes? *(schwer)*

10. Paralleles Licht fällt auf einen Kugelspiegel, einen Parabolspiegel und einen nach außen gewölbten Spiegel. Ergänze für jedes Bild den Strahlenverlauf. *(mittel)*

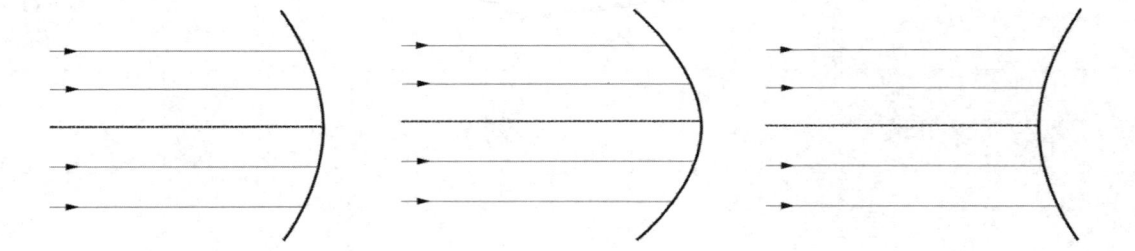

11. Ein Hohlspiegel erzeugt von einem Gegenstand ein 5fach vergrößertes Bild. Gegenstand und Bild sind 72 cm voneinander entfernt. Berechnen Sie die Brennweite und die Gegenstandsweite. *(schwer)*

Weiterführende Aufgaben

M8

Lichtbrechung

Brechungsgesetz

1. Ein quaderförmiges Glasgefäß aus leichtem Kronglas ist mit Wasser gefüllt. Das Wasser wird durch eine in der Mitte des Gefäßbodens montierte Lichtquelle von unten beleuchtet. Welcher Öffnungswinkel des Lichtkegels darf höchstens eingestellt werden, damit kein Licht durch die Seitenwände nach außen dringt?
(schwer)

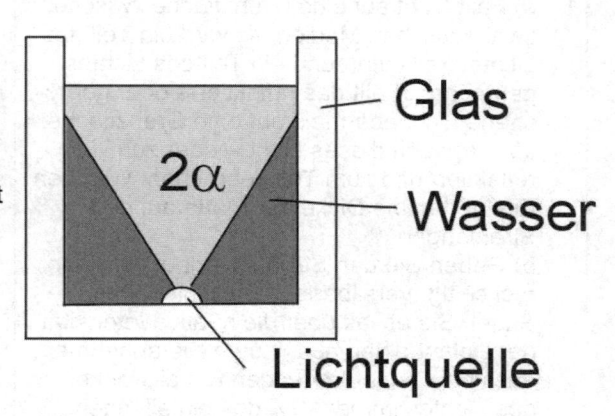

2. Wie groß ist die Querverschiebung q eines schräg durch eine Parallelplatte von der Dicke d laufenden Lichtstrahls?
   a) Geben Sie eine allgemeine Formel an.
   ($q = f(d, \alpha, \beta)$)
   b) Berechnen Sie q für d = 6mm, $\alpha = 40°$ und n = 1,5.
   (sehr schwer)

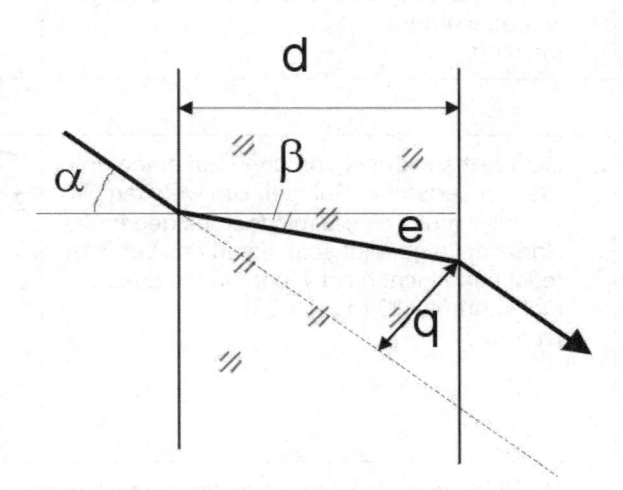

3. Eine quaderförmige Glaswanne ist mit Wasser gefüllt. Ein schmales Lichtbündel fällt unter dem Winkel $\alpha = 60°$ (zum Lot) auf eine der Seitenflächen.
   a) Unter welchem Winkel läuft das Lichtbündel im Wasser weiter? ($n_{Glas} = 1{,}50$; $n_{Wasser} = 1{,}33$; die Glaswand ist eine planparallele Platte.)
   b) Beweisen Sie allgemein, dass das Bündel im Wasser in dieselbe Richtung läuft, die es hätte, wenn die Glaswand nicht vorhanden wäre und es direkt von Luft in Wasser überginge.
   (sehr schwer)

4. Der Einfallswinkel eines Lichtstrahls auf eine ebene Grenzfläche beträgt 55°. Wie groß ist der Winkel zwischen dem reflektierten und dem gebrochenen Strahl, wenn die Brechzahl n = 1,5 ist? *(mittel)*

Lichtbrechung

Brechungsgesetz

1. a) Fällt Licht auf eine Grenzfläche zwischen zwei optischen Medien, so wird ein Teil des Lichtes reflektiert und ein Teil des Lichtes gebrochen. Fällt das reflektierte oder gebrochene Licht abermals auf eine Grenzfläche, so wird auch dieses Licht wieder zum Teil reflektiert und zum Teil gebrochen. Welchen Einfluß hat die Dicke der Platte auf den Strahlengang?
   b) Geben Sie den Strahlenverlauf für einen rückseitig „versilberten" Glasspiegel an. Sagen Sie etwas über die relative Intensität der Lichtstrahlen aus, indem Sie annehmen, dass bei dem betreffenden Einfallswinkel des Lichtes immer 10% des einfallenden Lichtes an der unverspiegelten Grenzfläche reflektiert und 100% des einfallenden Lichtes an der verspiegelten Grenzfläche zurückgeworfen werden!
   (schwer)

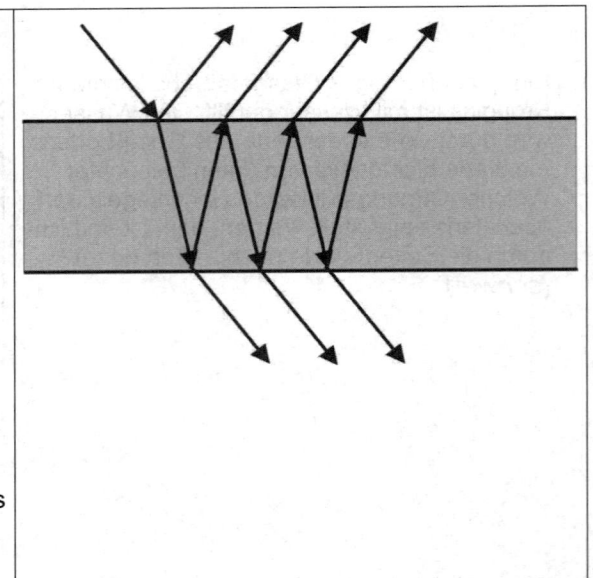

2. Licht fällt senkrecht von oben auf einen unter Wasser liegenden Spiegel. Um welchen Winkel ε muss dieser mindestens gegen die Horizontale geneigt sein, wenn das von ihm reflektierte Licht nicht wieder in die Luft zurückkehren soll? ($n_W = 1{,}33$)
   (schwer)

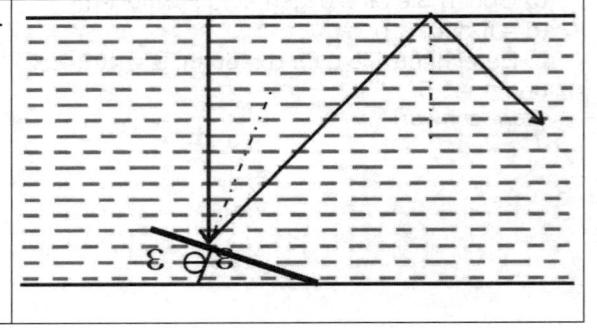

3. Mit Hilfe eines Versuches soll festgestellt werden, welcher von zwei verschiedenen durchsichtigen Stoffen der optisch dichtere ist.
   Skizzieren Sie einen möglichen Versuchsaufbau und beschreiben Sie die Versuchsdurchführung.
   (mittel)

4. Wodurch entsteht der Eindruck, dass die Sonne morgens und abends nicht rund, sondern abgeplattet ist? *(schwer)*

Weiterführende Aufgaben

M10

Lichtbrechung

Brechungsgesetz

1. Hans, Fritz und Franz sitzen an einem völlig flachen Ufer ohne jeden Bewuchs, das nur wenige cm über dem Wasserspiegel liegt. Hans: „Wenn wir uns auf den Bauch legen, sieht der Fisch uns nicht." Fritz: „Doch, er sieht uns schon, wenn er in die richtige Richtung schaut." Hans: „Nein, wir müssen nur einen Schritt vom Ufer weg, damit wir ganz unterhalb des Totalreflexionswinkels bleiben." Franz: „Stimmt, aber das gilt nur für Fische, die nicht flach schwimmen." Fritz: „Nein, jeder Fisch kann uns sehen, wenn er nicht zu nahe am Ufer ist." Wer hat recht? Wie sieht der Fisch die Welt oberhalb des Wasserspiegels? *(schwer)*

2. Erklären Sie, warum klare Gewässer viel flacher erscheinen, als sie sind! *(mittel)*

3. Wie groß ist der Brechungswinkel beim Übergang von Luft in Ethanal, wenn reflektiertes und gebrochenes Licht einen Winkel von 120° einschließen? (n = 1,36) *(mittel)*

4. Wie groß ist der Brechungswinkel beim Übergang von Luft in Ethanal, wenn reflektiertes und gebrochenes Licht einen Winkel von 120° einschließen? (n = 1,36) *(mittel)*

5. Beschreibe Aufbau, Funktionsweise und Anwendung eines Lichtleitkabels! *(mittel)*

6. Taucht man ein leeres Reagenzglas in Wasser, so kann man bei bestimmter Stellung nicht hindurchsehen. Das Glas erscheint silberglänzend. Erst wenn man Wasser ins Glas füllt, kann man wieder hindurchsehen. Wie ist das zu erklären? *(mittel)*

7. Lege eine Münze in eine Tasse. Gehe mit dem Kopf so tief, dass du die Münze gerade nicht mehr siehst. Gieße Wasser in die Tasse ohne den Kopf dabei zu heben. Erkläre deine Beobachtung. *(leicht)*

8. In ein Wasserbecken von 2 m Tiefe wird ein Pfahl gerammt, der 50 cm aus dem Wasser herausragt.
Wie lang ist der Schatten des Pfahls auf dem Grund des Wasserbeckens, wenn die Sonnenstrahlen unter einem Winkel von 60° zur Wasseroberfläche einfallen? *(schwer)*

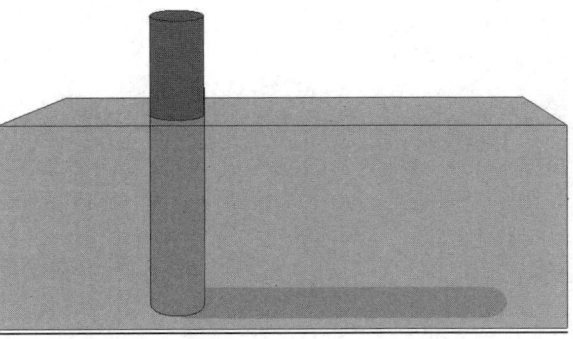

9. Auf einem Blatt sind zwei Geraden in einem Abstand von 2,1 cm voneinander gezeichnet. Diese werden mit einer planparallelen Glasplatte der Dicke 4,5 cm bedeckt. Blickt man von oben auf die Platte rechtwinklig zu den Geraden auf eine von beiden, so dass die Blickrichtung mit der Glasplatte einen Winkel von 45° einschließt, erscheint es, als ob die Verlängerung der einen Geraden hinter der Platte die andere Gerade sei.
Wie groß ist die Brechzahl des Glases?
(sehr schwer)

10. Ein Fischer steht am Ufer und möchte mit einem Speer! den großen Fisch fangen. Wohin muss er zielen, damit er den Fisch trifft?
a) über den Fisch
b) genau auf den Fisch
c) vor den Fisch
(mittel)

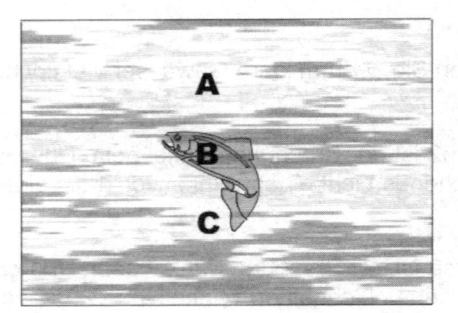

Weiterführende Aufgaben 7

M11 Seite 87

Lichtbrechung

Prisma

1. Auf ein gleichseitiges Prisma aus leichtem Kronglas fällt Licht.
   (n = 1,51)
   Berechnen Sie die beiden Brechungswinkel, zeichnen Sie den Strahlenverlauf des Lichtes!
   Entscheiden Sie, ob beim Variieren des Einfallswinkels eine Totalreflexion an der Grenzfläche Glas-Luft erfolgen kann!
   Begründen Sie Ihre Entscheidung.
   (mittel)

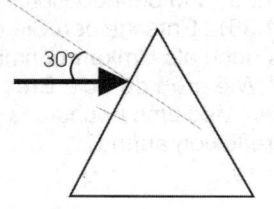

2. Unter welchen Bedingungen tritt Totalreflexion des Lichtes auf?
   Berechnen Sie den Grenzwinkel der Totalreflexion an der Grenzfläche schweres Flintglas - Luft!
   Auf zwei Prismen aus schwerem Flintglas fällt Licht.
   Entscheiden Sie für jedes der beiden Prismen, ob das Licht an der Grenzfläche Glas - Luft gebrochen oder total reflektiert wird!
   Begründen Sie Ihre Entscheidung!
   Zeichnen Sie den Strahlenverlauf durch jedes der beiden Prismen! *(mittel)*

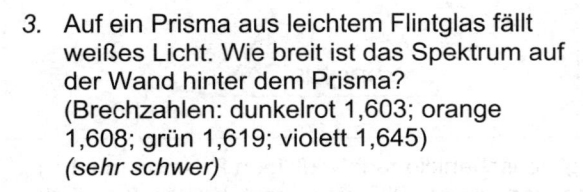

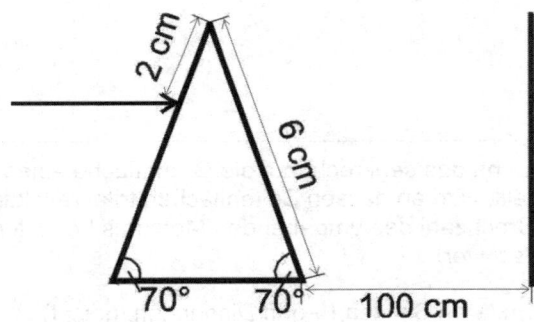

3. Auf ein Prisma aus leichtem Flintglas fällt weißes Licht. Wie breit ist das Spektrum auf der Wand hinter dem Prisma?
   (Brechzahlen: dunkelrot 1,603; orange 1,608; grün 1,619; violett 1,645)
   (sehr schwer)

4. Zwei gleichschenklige, rechtwinklige Prismen aus Flintglas (n_F=1,75) und Kronglas (n_K = 1,51) sind zusammengesetzt. Unter welchem Winkel verläßt das einfarbige Lichtbündel den Glaskörper.
   (schwer)

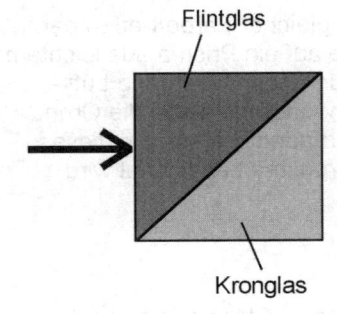

7 Weiterführende Aufgaben
Seite 88   M11

5. a) Welche Brechzahl muss das abgebildete Prisma mindestens haben, damit es in Luft als Umkehrprisma genutzt werden kann?
   b) Das Prisma sei aus schwerem Flintglas (n = 1,75) und befinde sich in Wasser (n = 1,33). Entscheiden Sie durch Rechnung, ob es noch als Umkehrprisma genutzt werden kann! Wie groß darf die Brechzahl des umgebenden Mediums höchstens sein, damit noch Totalreflexion auftritt?
   (schwer)

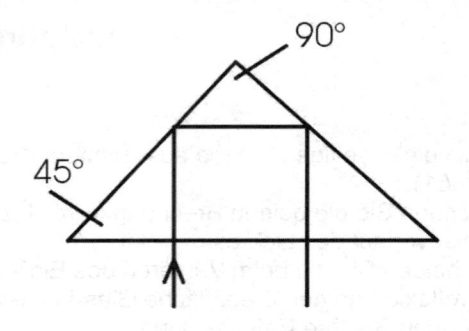

6. Auf die größte Mantelfläche eines rechtwinkligen Prismas fällt ein Lichtstrahl. Wie wird er reflektiert, wenn an den beiden anderen Flächen Totalreflexion auftritt? *(schwer)*

7. Bereits Aristoteles erkannte, dass Licht nach dem Durchgang durch ein Glasprisma auf einem Schirm bunte Streifen erzeugte und meinte, dass das Glas das Licht färbte. Diese Auffassung herrschte mehr als 1500 Jahre vor. Erst Newton führte Versuche durch, die die Frage klären sollten, ob das Licht durch das Glas bunt wird oder ob die Farbe eine Eigenschaft des Lichtes ist.
   Wie können wir diese Frage unter Verwendung geeigneter Experimente beantworten?
   Wie hätte Newton - ein Vertreter und Begründer der Korpuskeltheorie des Lichtes - diese Frage beantworten können? *(mittel)*

8. Berechnen Sie den weiteren Strahlenverlauf und zeichnen Sie ihn ein.
   (Das Prisma ist gleichseitig, n = 1,51.)
   (schwer)

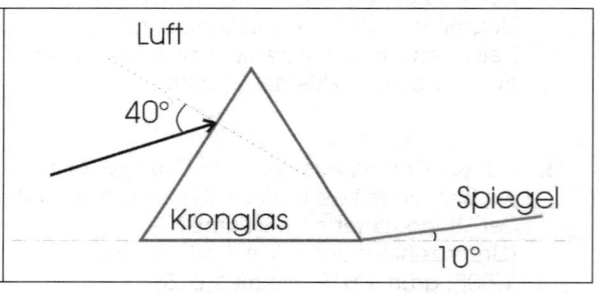

9. Licht, das senkrecht auf die Grundfläche eines gleichschenklig rechtwinkligen Prismas (n = 1,5) fällt, wird an dessen Seitenflächen total reflektiert und so um 180° umgelenkt. Wie groß darf die Brechzahl des umgebenden Mediums höchstens sein, damit diese Eigenschaft garantiert ist. *(schwer)*

10. Erklären Sie den Begriff Dispersion. *(leicht)*

11. Zwei Lichtstrahlen gleicher Farbe treffen parallel zur Grundfläche auf ein Prisma aus leichtem Kronglas. Sie werden beim Übergang Luft - Glas so gebrochen, dass sie beide die Grundfläche treffen. Begründen Sie, warum dieses Prisma als Umkehrprisma bezeichnet wird.
    (schwer)

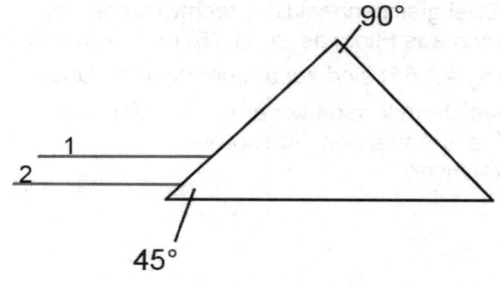

12. Auf eine rechtwinklige Glasplatte aus schwerem Flintglas (n = 1,75) fällt ein Lichtstrahl unter einem Einfallswinkel von 30° ein. Konstruieren Sie den weiteren Strahlenverlauf. *(mittel)*

Weiterführende Aufgaben

M12

Lichtbrechung

Dünne Linsen

1. Mit einer dünnen Sammellinse soll ein Gegenstand auf einem Schirm vergrößert abgebildet werden.
   Skizzieren Sie den Strahlenverlauf!
   Wo muss sich der Gegenstand befinden?
   Geben Sie Art, Lage und Ort des entstehenden Bildes an!
   (mittel)

2. Mit einer Linse der Brennweite 120 mm wird ein Dia mit den Abmessungen 6,0 cm * 6,0 cm auf einer Projektionswand, die 2,5 m von der Linse entfernt ist, scharf abgebildet.
   Berechnen Sie die Abmessungen des Bildes!
   (mittel)

3. Ein 12 mm hoher Pfeil wird durch eine Lupe der Brennweite 35 mm betrachtet. Man sieht ein aufrechtes, dreifach vergrößertes, virtuelles Bild. Berechnen Sie die Gegenstandsweite.
   Fertigen Sie dazu eine Zeichnung an.
   (schwer)

4. Eine Kleinbildkamera mit Normalobjektiv (Brennweite f = 50 mm) ist, auf einem Stativ befestigt, am Straßenrand aufgestellt. Im rechten Winkel zu ihrer optischen Achse fährt in der Entfernung 12 m ein Motorrad vorbei. Bei einer Belichtungszeit von 1/250 s hinterläßt ein charakteristischer Punkt des Motorradfahrers auf dem entwickelten Film eine Spur von 0,24 mm Länge. Entscheiden Sie durch Rechnung, ob sich der Motorradfahrer an die Höchstgeschwindigkeit von
   50 kmh^{-1} in Ortschaften gehalten hat!
   (schwer)

5. Normalobjektive von Kleinbildkameras haben in der Regel eine Brennweite von 50,00 mm. Eine solche Kamera wird auf die Gegenstandsweite 400 cm eingestellt. Als Schärfentiefenbereich bezeichnet man den Entfernungsbereich, in dem (bei einer bestimmten Kameraeinstellung) die Gegenstände scharfe Bilder auf dem Film erzeugen.
   Berechnen Sie diesen Bereich, wenn Bilder in der Filmebene im Intervall ±0,20 mm als scharf gelten sollen.
   (mittel)

6. Zwischen Gehäuse und Objektiv einer Kleinbildkamera von f = 5 cm, deren Objektiv für Gegenstandsweiten zwischen 50 cm und ∞ verstellbar ist, wird ein 2 cm langer Zwischenring eingesetzt. Welche Gegenstandsweiten können nunmehr erfaßt werden?
   Konstruieren Sie den Gegenstand zu einem Bild, das 10 cm vor der Linse mit einem Schirm aufgefangen wird und das 3 cm hoch ist.
   Die Brennweite der Sammellinse beträgt 4 cm.
   Charakterisieren Sie das Bild. (reell, virtuell, größer, kleiner...)
   Überprüfen Sie die Konstruktion durch eine Berechnung.
   (mittel)

7. Konstruieren Sie den Gegenstand zu einem Bild, das 10 cm vor der Linse mit einem Schirm aufgefangen wird und das 3 cm hoch ist.
   Die Brennweite der Sammellinse beträgt 4 cm.
   Charakterisieren Sie das Bild. (reell, virtuell, größer, kleiner...)
   Überprüfen Sie die Konstruktion durch eine Berechnung.
   (mittel)

Weiterführende Aufgaben

8. Welche von zwei Linsen mit $f_1 > f_2$ muss man verwenden, um von einem Gegenstand der gegebenen Größe G bei gegebener maximaler Bildweite b, zum Beispiel in einem Zimmer, ein möglichst großes Bild zu erhalten (wichtig bei Diaprojektoren)? Begründen Sie Ihre Antwort.
   (sehr schwer)

9. Zwischen einem leuchtenden Gegenstand G und dem Bildschirm im feststehenden Abstand l wird eine Sammellinse hin- und hergeschoben. Dabei erzeugt sie einmal ein verkleinertes und einmal ein vergrößertes Bild. Ist der Abstand zwischen diesen beiden Linsenstellungen gleich e, so gilt für die Brennweite
$$f = \frac{l^2 - e^2}{4l}$$
   Wie kommt diese Formel zustande?
   (Hinweis: Die Bildweite im ersten Fall ist gleich der Gegenstandsweite im zweiten Fall und umgekehrt.)
   (schwer)

10. Vor einer Sammellinse mit einer Brennweite f = 30mm steht in einer Entfernung von 5 cm ein 1,5cm hoher Gegenstand.
    a) Konstruiere das Bild.
    b) Wie weit ist es von der Linse entfernt und wie groß ist es?
    c) Beschreibe das Bild.
    d) Nenne eine Anwendung für diesen Fall der Bildentstehung.
    (mittel)

11. Anstelle der Abbildungsgleichung $\frac{1}{f} = \frac{1}{s} + \frac{1}{s'}$ wird vielfach die Newtonsche Abbildungsgleichung in der Form $f^2 = z \cdot z'$ verwendet.
    Hierbei ist z = s - f und z' = s' - f.
    Interpretieren Sie die Größen z und z'.
    Leiten Sie die Gleichung $f^2 = z \cdot z'$ aus der Abbildungsgleichung her.
    Tragen Sie z' in Abhängigkeit von z grafisch auf. Diskutieren Sie die Kurve.
    (schwer)

12. Wie weit muss eine 1,75 m große Person vom Objektiv (f = 5 cm) einer Kleinbildkamera mindestens entfernt sein, wenn sie auf dem 24 mm x 36 mm großen Film (Hochformat) vollständig abgebildet werden soll?
    (mittel)

Weiterführende Aufgaben
M13

Lichtbrechung

Dünne Linsen

1. Vor einer Sammellinse mit f = 10 cm steht ein G = 15 cm hoher Gegenstand. Er ist g = 45 cm entfernt. Konstruiere sein Bild im passenden Maßstab. Gib an, um was für ein Bild es sich handelt. Wie groß ist das Bild und welche Entfernung hat es von der Linsenmitte?
(mittel)

2. Wie ändert sich die Brennweite gleichgeformter Linsen, wenn eine Glassorte, die das Licht stärker bricht, verwendet wird?
(mittel)

3. Von einer Linse mit der Brennweite f = 1 m wird die Sonne (Entfernung 150 Millionen km) in der Brennebene als eine rund 1 cm große Kreisscheibe abgebildet. Wie groß ist die Sonne?
(mittel)

4. Wie verändert sich das reelle Bild eines Gegenstandes, wenn man die abbildende Linse zum Teil verdeckt? Was geschieht, wenn man nur den Rand bzw. nur die Mitte der Linse abdeckt?
(mittel)

5. Julia und Jan unterhalten sich bei Kerzenlicht. Plötzlich entdecken sie, dass ein auf dem Tisch stehendes halbgefülltes Wasserglas die Kerze an der Wand abbildet. Überrascht stellen sie fest, dass zwei Bilder der Kerze zu sehen sind.
Überprüfe diese Beobachtung mit einem nahezu kugelförmigen Glas. Beachte dabei, dass die Flammenspitze ungefähr in gleicher Höhe wie der Wasserspiegel ist.
Erkläre, warum zwei Bilder entstehen.
(mittel)

6. Auf eine Sammellinse fällt ein achsenparalleles Lichtbündel mit kreisförmigem Querschnitt und dem Durchmesser d. Hinter der Linse wird ein Schirm so lange verschoben, bis auch auf ihm eine kreisrunde Scheibe mit dem Durchmesser d erscheint. Der Abstand Linse-Schirm sei e. Wie groß ist die Brennweite der Linse?
(schwer)

7. Ein ferner Gegenstand wird nacheinander durch Sammellinsen mit immer kleineren Brennweiten abgebildet. Was ist über Lage und Größe der Bilder zu sagen?
(mittel)

8. Ein 5 cm hoher Gegenstand soll durch eine Sammellinse mit 15 cm Brennweite auf 100 cm vergrößert abgebildet werden. Wie sind dann Gegenstandsweite und Bildweite zu wählen?
(mittel)

9. Welche Beziehung besteht zwischen der Gegenstandsweite und der Brennweite, wenn das Bild doppelt so hoch wie der Gegenstand ist?
(mittel)

10. Das Objektiv eines Fotoapparats besitzt die Brennweite 5 cm. In welchem Abstand des Objektivs muss man den Film anbringen, wenn man
    a) eine Landschaft,
    b) eine 55 cm entfernte Blume aufnehmen will?
(mittel)

Weiterführende Aufgaben

M14

Lichtbrechung

Dünne Linsen

1. Zeige durch eine geeignete Konstruktion, dass der Satz wahr ist:
   " Befindet sich ein Gegenstand außerhalb der doppelten Brennweite so entsteht ein verkleinertes, umgekehrtes Bild."
   (mittel)

2. Gib jeweils 2 Beispiele an, die deutlich machen, dass Sammellinsen zum Erzeugen vergrößerter und verkleinerter Bilder geeignet sind.
   (leicht)

3. Konstruiere das virtuelle Bild, wenn folgendes bekannt ist:
   Brennweite 5 cm, Gegenstandsweite 2 cm, Gegenstandsgröße 1,5 cm
   Wie müßte man die Gegenstandsweite ändern, wenn das Bild noch größer werden soll?
   (mittel)

4. Konstruieren Sie das Bild eines Gegenstandes bei Abbildung mit Hilfe einer Sammellinse, für das $s < f$ gilt.
   Charakterisieren Sie das entstandene Bild!
   Bestätigen Sie den Abbildungsmaßstab für diese Abbildung!
   (mittel)

5. Welche Eigenschaften des Lichts sind Grundlagen für die Bildentstehung an Sammellinsen?
   (leicht)

6. Ein Gegenstand wird durch eine Sammellinse abgebildet.
   Charakterisieren Sie das Bild, wenn sich der Gegenstand
   a) außerhalb der doppelten Brennweite
   b) zwischen einfacher und doppelter Brennweite
   c) innerhalb der einfachen Brennweite befindet.
   (mittel)

7. Wie verändert sich die Größe eines Bildes, wenn man einen Gegenstand aus großer Entfernung zur Sammellinse hin bewegt?
   (mittel)

8. Die Dioptrienzahl einer Brille ist das Reziproke der in Metern gemessenen Brennweite.
   Jemand sieht mit einer Lesebrille von +2,75 Dioptrien noch gut auf einen Abstand von 25 cm.
   Wie weit muss er ein Buch vom Auge weghalten, wenn er seine Brille vergessen hat?
   (Die Summe der Dioptrienzahl der Brille und des Auges ist die Gesamtdioptrienzahl.)
   (mittel)

9. Zwei Uhrglasschälchen werden zu einer Sammellinse zusammengeklebt. Erklären sie, warum diese Linse unter Wasser als Zerstreuungslinse wirkt!
   (mittel)

Weiterführende Aufgaben

M15

Lichtbrechung

Dünne Linsen

1. Eine Sammellinse hat eine Brennweite von 3 cm. Sie soll einen 3 cm großen Gegenstand auf das Doppelte vergrößert auf einem Schirm abbilden.
   Wahlaufgabe:
   a) Konstruieren Sie den Strahlenverlauf und bestimmen Sie daraus Gegenstands- und Bildweite. Bestätigen Sie die abgelesenen Werte durch Nachweis der Gültigkeit der Gleichung.
   oder
   b) Berechnen Sie zuerst Gegenstands- und Bildweite und bestätigen Sie die Rechnung durch die Zeichnung.
   (mittel)

2. Ein Fotoamateur kauft sich einen Diaprojektor nach Maß: Seine Dias sind 3 cm hoch; die Bilder sollen eine Höhe von 1,5 m erhalten. Die Projektionswand möchte er so aufstellen, dass sie vom Projektor 5,1 m entfernt ist. Welche Brennweite muss die Abbildungslinse des Diaprojektors besitzen?
   (mittel)

3. Beim normalsichtigen Auge beträgt der Abstand zwischen Netzhaut und Augenlinse 2,25 cm. Wie groß ist die Brennweite der Linse, wenn ein Fernsehbild, aus 3 m Entfernung betrachtet, scharf gesehen wird?
   (mittel)

4. Die Kamera eines Vermessungsflugzeuges hat eine Brennweite von 20 cm. Das Bild, das auf das Zehnfache des Negativs vergrößert wurde, zeigt Eisenbahnschienen in einer Länge von 70 cm. Wie groß ist die wahre Länge der aufgenommenen Eisenbahnstrecke, wenn das Negativ aus einer Höhe von 3000 m aufgenommen wurde?
   (schwer)

5. Eine dünne Linse der Brennweite $f_1 = 50$ mm wird mit einer zweiten der Brennweite $f_2 = 100$ mm kombiniert. Der Abstand der Mittelebenen sei 30 mm.
   Berechnen Sie die Gesamtbrennweite der Linsenkombination.
   (schwer)

6. Innerhalb welchen Spielraums ist das 50 mm-Objektiv einer Kamera entsprechend der angegebenen Entfernungsskala von 1m ...unendlich verschiebbar?
   (schwer)

7. Das Herz einer elektronischen Kamera ist der Fotosensor, eine lineare Anordnung von 1728 winzigen Fotoelementen (CCD). Jedes Element ist quadratisch mit 16 µm Seitenlänge.
   Ein Fotosensor befinde sich in einem Satelliten, der in 296 km Höhe über der Erdoberfläche mit ca. 7,4 km/s Geschwindigkeit eine Kreisbahn um die Erde beschreibt. Die Erdoberfläche soll mit Hilfe einer Sammellinse so auf den Fotosensor abgebildet werden, dass ein 20m x 20m großes Flächenstück (sog. Bodenpixel) jeweils ein Sensorelement ausleuchtet.
   Berechne die Brennweite der Linse f, die Bildweite b, die Breite l des ganzen vom Fotosensor aufgenommenen Bodenstreifens und die Geschwindigkeit v, mit der das Bild der Erdoberfläche über den Sensor wandert.
   (schwer)

8. Von einem Gegenstand, der 25 cm von einer Konvexlinse entfernt ist, soll ein dreimal so großes Bild entstehen.
   Welche Fälle sind möglich?

Berechnen Sie die jeweiligen Brennweiten.
(schwer)

9. Welches ist bei einer Sammellinse der kleinste mögliche Abstand zwischen dem Gegenstand und dessen reellem Bild?

   a) Das doppelte der Brennweite der Linse.

   b) Das dreifache der Brennweite der Linse.

   c) Das vierfache der Brennweite der Linse.
   (schwer)

10. Mit einer Sammellinse kann man z.B. das Bild einer Kerze an einer Wand darstellen. Wie verändert sich das Bild der Kerze, wenn die Linse herunter fällt, zerbricht und das Bild nur noch mit einem Stück der Linse dargestellt wird?

    a) Es ist nur noch ein Teil der Kerze an der Wand zu sehen.
    b) Das Bild der Kerze ist noch vollständig, aber dunkler zu sehen.
    c) Das Bild der Kerze ändert sich nicht.
    (mittel)

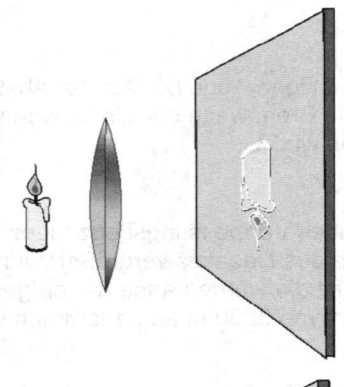

Weiterführende Aufgaben

M16

Wellenoptik

Welleneigenschaften

1. Beschreiben Sie je eine Erscheinungen des Lichtes, die sich nur mit dem Wellenmodell oder nur mit dem Teilchenmodell erklären lassen.
   (leicht)

2. Erklären Sie, warum es berechtigt ist, Licht als Welle zu betrachten.
   (leicht)

3. Beschreibe einen Versuch, der belegt, dass Licht Welleneigenschaften besitzt!
   (leicht)

4. Nennen Sie Gemeinsamkeiten und wesentliche Unterschiede zwischen mechanischen Wellen und elektromagnetischen Wellen.
   (leicht)

5. Geben Sie je zwei Beispiele an, bei der Reflexion, Brechung bzw. Totalreflexion des Lichtes bewußt ausgenutzt werden.
   (leicht)

6. Erklären Sie kurz, wie man unter Verwendung
   a) zweier Spiegel
   b) eines Prismas
   c) eines Doppelspaltes
   kohärente Wellenzüge erzeugen kann.
   (schwer)

7. Bei der Beobachtung Newtonscher Ringe im reflektierten Licht betrug der Durchmesser des vierten dunklen Ringes 14,4 mm. Bestimmen Sie die Wellenlänge des verwendeten Lichtes, wenn das Licht senkrecht auftrifft und die Linse einen Krümmungsradius von 22 m hat.
   (sehr schwer)

8. Zwei leuchtende dünne Drähte werden in sehr geringer Entfernung parallel zueinander angebracht. Kann man Interferenzerscheinungen beobachten?
   Begründen Sie Ihre Entscheidung.

Wellenoptik

Interferenz am Gitter

1. Beschreiben Sie an einer selbst gewählten Experimentieranordnung, wie kohärentes Licht erzeugt werden kann. Erklären Sie dabei auch den Begriff Kohärenz!
   Bei einem Beugungsversuch mit einem optischen Gitter wird grünes Licht mit der Wellenlänge 527 nm verwendet. Der Auffangschirm ist 125 cm vom Gitter entfernt. Der Abstand der beiden hellen Beugungsstreifen 2. Ordnung voneinander beträgt 53 mm. Berechnen Sie die Gitterkonstante.
   (schwer)

2. Auf ein optisches Gitter mit der Gitterkonstante $4{,}00 \cdot 10^{-6}$ m fällt Licht der Wellenlänge 694 nm senkrecht ein. Das Interferenzbild wird auf einem $e = 2{,}00$ m entfernten ebenen Schirm beobachtet, der parallel zum Gitter steht.
   a) Berechnen Sie den Abstand der auf dem Schirm sichtbaren Helligkeitsmaxima 1. Ordnung voneinander.
   b) Bis zur wievielten Ordnung können theoretisch Helligkeitsmaxima auftreten?
   c) Weisen Sie rechnerisch nach, dass die Spektren 2. und 3. Ordnung einander überlappen, wenn sichtbares Licht aus dem Wellenlängenintervall 400 nm $\leq \lambda \leq 750$ nm benutzt wird!
   (schwer)

3. Ein Doppelspalt wird mit Licht der Wellenlänge 546 nm senkrecht beleuchtet. Wie ändert sich das Interferenzmuster, wenn das Licht vor einer der beiden Spaltöffnungen zuerst ein Glimmerblatt der Dicke $d = 8{,}19 \cdot 10^{-3}$ mm durchläuft? (Brechzahl von Glimmer $n = 1{,}50$)
   Anleitung: Wie viele Wellenlängen gehen in Luft bzw. in Glimmer auf die Strecke d? Welche Phasendifferenz haben dann die Wellen in den Spalten?
   (sehr schwer)

4. Ein optisches Gitter mit 2000 Strichen pro cm wird von parallelem weißen Licht senkrecht beleuchtet. (400 nm $\leq \lambda \leq 800$ nm)
   a) Wie breit erscheint das Spektrum 1. Ordnung auf einem 3,20 m entfernten Schirm?
   b) Zeigen Sie, dass sich die sichtbaren Spektren 2. und 3. Ordnung überlappen!
   c) Bis zu welcher Wellenlänge ist das Spektrum 2. Ordnung noch ungestört zu sehen?
   (schwer)

5. Ein durchsichtiges Gefäß ist mit einer Flüssigkeit gefüllt. Ein optisches Gitter mit 1000 Strichen pro cm, das zur Hälfte in diese Flüssigkeit getaucht ist, wird mit parallelem Licht aus einer Quecksilberdampflampe senkrecht beleuchtet. Ein Teil des Lichtes geht also nach der Beugung am Gitter durch die Luft, ein anderer durch die Flüssigkeit. Auf einem zum Gitter parallelen 1,50 m entfernten Schirm, der zum Teil in die Flüssigkeit taucht, entstehen zwei übereinanderliegende, verschieden stark gespreizte Linienspektren.
   a) In der 1. Ordnung erscheinen die gelbe Linie ($\lambda_1 = 577$ nm) des einen Spektrums und die blaue ($\lambda_2 = 436$ nm) des anderen direkt übereinander.
   Welche Brechungszahl hat die Flüssigkeit?
   Erscheinen die beiden Linien auch in den höheren Ordnungen direkt übereinander?
   b) Wie weit sind die obere und die untere blaue Linie in der 3. Ordnung gegeneinander versetzt?
   (sehr schwer)

6. Senkrecht auf ein optisches Gitter mit 200 Strichen pro mm fällt weißes Licht
   (400 nm $\leq \lambda \leq 800$ nm).
   Vor das Gitter bringt man einen Filter, der laut Angabe der Lieferfirma nur Licht der Wellenlänge $\lambda > 600$ nm durchlassen soll. Stimmt diese Angabe, wenn man auf einem Schirm in 0,94 m

Weiterführende Aufgaben

Entfernung den Abstand der beiden Innenränder der Maxima 1. Ordnung zu 230mm misst?
(schwer)

7. Ein optisches Gitter mit 3000 Strichen pro cm wird von parallelem weißen Licht senkrecht beleuchtet. (400 nm $\leq \lambda \leq$ 800 nm)
   a) Wie breit erscheint das Spektrum 1. Ordnung auf einem 2,20 m entfernten Schirm?
   b) Überprüfen Sie, ob sich die Maxima 2. und 3. Ordnung überlappen.
   (schwer)

8. Licht der Wellenlänge 600 nm fällt auf einen Spalt der Breite 0,05 mm. Im Abstand von 5 m hinter dem Spalt befindet sich ein Beobachtungsschirm.
   Unter welchem Winkel zur Ausbreitungsrichtung kann das erste Minimum beobachtet werden? Welchen Abstand besitzt es zum Maximum nullter Ordnung (entspricht der Einstrahlungsrichtung)?
   (schwer)

9. Eine Lichtwelle fällt auf einen Spalt der Breite 0,01 mm. Auf einem Schirm im Abstand 4 m zum Spalt kann man das erste Minimum erkennen, das 20 cm vom Maximum nullter Ordnung (Einstrahlungsrichtung) entfernt ist. Wie groß ist die Wellenlänge des eingestrahlten Lichtes?
   (schwer)

10. Bringt man in einen Laserstrahl ein senkrechtes stehendes Haar, so entsteht auf einem Schirm ein Interferenzmuster.
    a) Beschreiben Sie dieses Muster.
    b) Erklären Sie, wie dieses Muster entsteht.
    c) Die Maxima 1. Ordnung sollen einen möglichst großen Abstand voneinander haben. Beschreiben Sie mit Hilfe der entsprechenden Gleichung, welche Möglichkeiten das Experiment dazu bietet.
    d) Ein Haar hat eine Dicke von 0,06 mm. Auf einem 2 m entferntem Schirm haben die beiden Maxima 1. Ordnung einen Abstand von 4,6 cm Welche Wellenlänge hat das Licht des verwendeten Rubin-Lasers?
    (schwer)

11. Mit Hilfe eines Beugungsgitters (200 Linien auf 1 mm) wurde ein Spektrum erzeugt. Der Schirm befindet sich in 3 m Entfernung von dem Gitter. Die Entfernung von vom mittleren, weißen Maximum bis zum Anfang des violetten Teils des Spektrums erster Ordnung beträgt 24 cm und bis zum Ende des roten Teils 45 cm. Wie groß sind die Wellenlängen des äußersten roten und des äußersten violetten Lichtes?
    (schwer)

Wellenoptik

Interferenz am Gitter

1. Blicken Sie durch eine Vogelfeder, ein feines Sieb, durch dünnes Gewebe o.ä. gegen eine 2m bis 4m entfernte Kerzenflamme. Erklären Sie die beobachtete Erscheinung.
   (mittel)

2. Im Licht einer Quecksilberlampe beobachtet man auf dem vom Doppelspalt (Abstand der beiden Spalte 1,2 mm) 2,73 m entfernten Schirm für den Abstand vom hellsten Streifen bis zum 5. hellen Streifen im grünen Licht 6,2 mm und im blauen Licht 4,96 mm.
   Berechnen Sie die Wellenlängen der beiden Quecksilberlinien.
   (schwer)

3. Die gelbe Quecksilberlinie mit einer Wellenlänge von 578,0 nm fällt in der 3. Ordnung fast genau mit der blauen Linie des Quecksilbers in der 4. Ordnung zusammen. Berechnen Sie daraus die Wellenlänge der blauen Linie.
   (schwer)

4. Weißes Licht wird durch ein Prisma oder durch ein Gitter zerlegt und das Bild wird auf einem Schirm aufgefangen. Welches Bild entsteht jeweils auf dem Schirm?
   (mittel)

5. Bei einem Beugungsversuch mit einem optischen Gitter wurden folgende Werte festgestellt: Das verwendete Natriumlicht hat eine Wellenlänge von 590 nm. Der Auffangschirm ist vom Gitter 2,0 m entfernt. Der Abstand der beiden Beugungsstreifen 1. Ordnung beträgt 18 cm. Wie groß ist die Gitterkonstante?
   (schwer)

6. Ein optisches Gitter wird mit einem He-Ne-Laserstrahl (Wellenlänge 632,8 nm) beleuchtet. In einer Entfernung von 1,000 m zum Gitter wird ein Schirm senkrecht zum Strahl aufgestellt.
   a) Die beiden Interferenzmaxima 3. Ordnung liegen 82,1 cm auseinander. Berechnen Sie die Gitterkonstante.
   b) Das Gitter wird jetzt um den mittleren Gitterspalt um 20° gedreht.
   Wie weit liegen die Interferenzmaxima 3. Ordnung jetzt auseinander.
   (schwer)

7. Auf einen Doppelspalt fällt senkrecht monochromatisches Licht der Wellenlänge 590 nm. Der Abstand der Spaltmitten beträgt $g = 10^{-5}$ m. Die Breite eines jeden Einzelspaltes ist kleiner als die Wellenlänge. Im Abstand $e = 1,0$ m ist parallel zum Doppelspalt ein Schirm aufgestellt.
   a) Wie groß muss der Schirm sein, dass die Maxima 3. Ordnung noch auf den Schirm passen?
   b) Eine der beiden Spalte wird nun mit einer dünne Seifenhaut überzogen.(Wir betrachten dies als planparalleles Plättchen konstanter Dicke). Durch die Seifenhaut verschiebt sich das Hauptmaximum an die Stelle, an der sich zuvor das Maximum 3. Ordnung befunden hat.
   Berechnen Sie die Dicke der Seifenhaut (Brechzahl n = 1,33).
   (sehr schwer)

8. 2,00 m vor einem optischen Gitter mit 5000 Strichen pro cm ist ein 3,20 m breiter Schirm so aufgestellt, dass das Maximum 0. Ordnung in seine Mitte fällt. Das Gitter wird mit parallelem weißem Glühlicht senkrecht beleuchtet. Welche Wellenlänge hat das Licht, das am Rand des Schirms gerade noch zu sehen ist?
   (schwer)

Weiterführende Aufgaben
M19 — Seite 99

Wellenoptik

Interferenz an dünnen Schichten

1. Erklären Sie, warum Seifenblasen bunt aussehen. *(schwer)*

2. Eine Seifenblase erscheint an einer Stelle rot (Wellenlänge 734 nm). Die Brechzahl der Seifenlösung beträgt 1,35. Geben sie zwei mögliche Schichtdicken der Seifenhaut an. *(mittel)*

3. Welche Wellenlängen aus dem sichtbaren Bereich des Spektrums werden bei der Reflexion an einer 750 nm dicken Seifenhaut mit der Brechungszahl 1,35 bei senkrechtem Strahleinfall
   a) verstärkt und
   b) ausgelöscht?
   (mittel)

4. Die Oberfläche einer Glaslinse mit n = 1,53 wird mit einem Material vergütet, so dass die bei der Reflexion Licht der Wellenlänge 550 nm ausgelöscht wird.
   Wie dick muss die Schicht sein, wenn das Material eine Brechzahl von 1,35 hat? *(mittel)*

5. Newtonsche Ringe kann man häufig an geglasten Dias beobachten. Wie entstehen diese Ringe? *(mittel)*

Polarisation

1. Erklären Sie die Polarisation des Lichts durch Reflexion und Brechung! Was besagt das Brewstersche Gesetz? *(schwer)*

2. Was versteht man unter optischer Aktivität. Beschreiben Sie, wie man die optische Aktivität zur Konzentrationsbestimmung benutzen kann. *(mittel)*

3. a) Fotografen verwenden zum Ausblenden von unerwünschten Spiegelungen auf Glasflächen vor dem Kameraobjektiv ein Polarisationsfilter. Erklären Sie die Wirkungsweise dieser Maßnahme.
   b) Unter welchem Winkel muss das Licht auf die Glasplatte fallen, damit der Effekt der Ausblendung maximal ist? (Brechzahl des Glases: 1,49)
   (mittel)

4. Beschreiben Sie eine Methode zur Erzeugung polarisierten Lichtes! *(mittel)*

5. Unter welchem Winkel muss Licht auf Diamant (n = 2,5) bzw. auf Schwefelkohlenstoff (n = 1,63) fallen, damit es nach der Reflexion völlig linear polarisiert ist? *(mittel)*

6. Zwei um 90° gedrehte Polarisationsfilter lassen kein Licht hindurch. Was passiert, wenn man zwischen die beiden Polarisationsfilter ein drittes setzt, welches gegenüber den anderen beiden jeweils um 45° gedreht ist?
   a) Es passiert nichts, weniger Licht kann nicht hindurch kommen.
   b) Es kommt wieder etwas Licht hindurch.

Quantenoptik

Äußerer lichtelektrischer Effekt

1. Die Deutung des äußeren lichtelektrischen Effektes durch Einstein führte zu einer neuen Vorstellung vom Licht. Nennen Sie diese Vorstellungen und vergleichen Sie diese mit anderen Vorstellungen. *(mittel)*

2. Die kinetische Energie von Fotoelektronen soll experimentell bestimmt werden.
   Skizzieren Sie eine Experimentieranordnung und beschreiben Sie das experimentelle Vorgehen! Bei einem Experiment wurden folgende Meßwerte ermittelt:

λ in nm	436	510	590
U in V	0,93	0,49	0,16

   Stellen Sie die kinetische Energie der Fotoelektronen in Abhängigkeit von der Frequenz des Lichtes graphisch dar. Bestimmen Sie die Austrittsarbeit und die Grenzfrequenz für das verwendete Kathodenmaterial! *(schwer)*

3. Auf die Zäsiumkathode einer Fotozelle fällt blaues Licht mit der Wellenlänge 491 nm.
   Mit welcher Geschwindigkeit verlassen die schnellsten Fotoelektronen die Kathode? Welche Gegenspannung ist erforderlich, um diese Elektronen auf die Geschwindigkeit Null abzubremsen? *(schwer)*

4. Das Spektrum einer Quecksilberdampflampe wird im sichtbaren Bereich von einer gelben Linie ($f_{gelb} = 5,18 * 10^{14}$ Hz) und einer violetten Linie ($f_{violett} = 7,41 * 10^{14}$ Hz) begrenzt.
   Das Licht der violetten Spektrallinie fällt auf eine Vakuumfotozelle. Die Kathode ist eine Metallplatte, die Anode ein Drahtring.
   Zwischen Anode und Kathode der Fotozelle liegt eine veränderliche Gleichspannung U an. Die Spannungsquelle ist so gepolt, dass der Fotostrom I_F mit wachsender Spannung abnimmt. 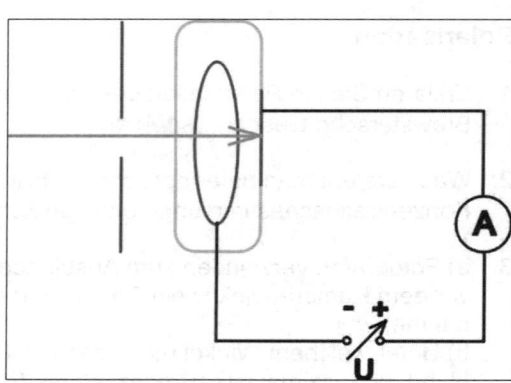
   a) Berechnen Sie die zum Herauslösen der Elektronen notwendige Arbeit, wenn bei U = 0,56V gerade kein Fotostrom mehr fließt.
   b) Aus welchem Material besteht die Kathode?
   c) Warum fließt bei Bestrahlung mit Licht der gelben Spektrallinie unabhängig von der angelegten Gegenspannung kein Fotostrom?
   (schwer)

5. Zur Untersuchung des äußeren lichtelektrische Effekts wird einfarbiges Licht auf eine Vakuumfotozelle gestrahlt und der Fotostrom gemessen.
   Welchen Einfluß hat
   a) die Lichtintensität
   b) die Farbe des Lichtes
   c) das Katodenmaterial
   auf die Stärke des Fotostroms? *(mittel)*

6. Eine Zunahme des Fotostroms beim äußeren lichtelektrischen Effekt könnte entweder durch die Vergrößerung der Anzahl der herausgelösten Elektronen oder durch eine höhere Geschwindigkeit der herausgelösten Elektronen zustande kommen. Wie läßt sich experimentell jeweils die wahre Ursache ermitteln? *(mittel)*

Quantenoptik

Lichtentstehung

1. Die Abbildung zeigt einen Teil des Energieniveauschemas des Wasserstoffatoms. Erklären Sie unter Verwendung dieser Abbildung das Auftreten von Liniespektren! Berechnen Sie die Frequenz der emittierten Strahlung für die drei dargestellten Übergänge! Ordnen Sie die Frequenzen den Bereichen des elektromagnetischen Spektrums zu!
(schwer)

   E in eV:
   - 12,68 — 4
   - 12,03 — 3
   - 10,15 — 2
   - 0 — 1

2. Erläutern Sie die Begriffe spontane Emission und induzierte Emission von Lichtquanten. Beschreiben Sie den Aufbau, und erklären Sie die Wirkungsweise einer Laserstrahlungsquelle.
Die Abbildung zeigt ein vereinfachtes Energieniveauschema eines Rubinlasers. Berechnen Sie die Wellenlänge des vom Rubinlaser emittierten Lichtes. Welche Farbe ist diesem Laserlicht zuzuordnen?
Nennen Sie die charakteristischen Eigenschaften des Laserlichtes.
Erklären Sie eine Anwendung der Laserstrahlung.
(schwer)

   E in eV:
   - 3,026 — E_2
   - 1,787 — E_1
   - 0 — E_0

3. Wann entsteht ein Emissionsspektrum?
(mittel)

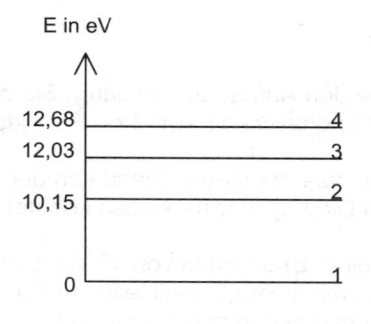

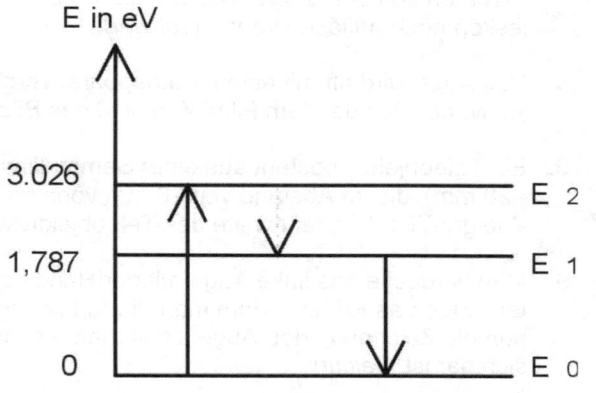

4. Worin unterscheidet sich Laserlicht von Glühlicht? "Nenne" Anwendungen für Laserlicht!
(leicht)

Photonen

1. Wie viele Lichtquanten werden von einer 60 Watt Lampe in einer Sekunde abgegeben, wenn 5% der zugeführten elektrischen Energie in sichtbares Licht umgesetzt wird und anstelle der in Wirklichkeit auftretenden verschiedenen Wellenlängen mit einer einheitlichen Wellenlänge von $5,6 \cdot 10^{-7}$ m gerechnet wird.
(schwer)

2. Damit das menschliche Auge grünes Licht mit der Wellenlänge von 500 nm wahrnimmt, ist es erforderlich, dass die auf die Netzhaut fallende Lichtleistung mindestens $2 \cdot 10^{-16}$ W beträgt. Wie viele Photonen müssen in einer Sekunde auf die Netzhaut treffen?
(schwer)

Weiteres

Optische Geräte

1. Beschreiben Sie den Aufbau und erklären Sie die Wirkungsweise eines der folgenden Geräte: Mikroskop - astronomisches Fernrohr – Projektor - fotografische Kamera. *(mittel)*

2. Beschreiben Sie, wie man, ausgehend von der Umkehrbarkeit des Lichtweges, aus einem Fotoapparat einen Diaprojektor herstellen könnte! *(leicht)*

3. Ein Fixstern in einer Entfernung von 10 Lichtjahren wird von einem großen Planeten umlaufen. Dieser Planet ist mit einem 5-m-Teleskop noch sichtbar. Wie groß muss die Entfernung des Planeten von dem Fixstern mindestens sein, damit man die beiden Himmelskörper mit dem Teleskop noch auflösen kann? *(schwer)*

4. Das Auge wird oft mit einem Fotoapparat verglichen. Welche Organteile entsprechen dem Objektiv, der Blende, dem Film. Wie wird das Bild scharf gestellt? *(leicht)*

5. Ein Teleobjektiv besteht aus einer Sammellinse (f_1 = 25 mm) und einer Zerstreuungslinse (f_2 = - 20 mm), die im Abstand von 20 mm voneinander angebracht sind.
Wie groß ist die Brennweite des Teleobjektivs? *(schwer)*

6. Man verdecke das linke Auge mit der Hand oder einen Stück Papier und betrachte mit dem rechten Auge das Kreuz, indem man die Abbildung 15 bis 20 cm vom Auge entfernt hält. Nähert man nun die Zeichnung den Auge, stellt man fest, das in einer bestimmten Lage der Punkt nicht mehr sichtbar ist. *(leicht)*

7. Wie muss das Objektiv eines Fotoapparates verschoben werden, wenn nach einem nahen Gegenstand ein weit entfernter scharf abgebildet werden soll? *(mittel)*

8. Erklären Sie mit Hilfe einer Skizze, warum ein Keplersches Fernrohr einen Gegenstand vergrößert darstellt. *(schwer)*

9. Skizzieren Sie den Strahlengang in einem Keplerschen Linsenfernrohr (Refraktor) und in einem Newtonschen Spiegelfernrohr (Reflektor). *(mittel)*

10. Im Newtonschen Reflektor befindet sich der Umlenkspiegel direkt vor dem lichtsammelnden Hohlspiegel. Warum verdeckt er nicht einen Teil des sichtbaren Bildes? *(mittel)*

11. Welche Aufgabe hat der Kondensor beim Diaprojektor? *(mittel)*

12. Welche Aufgaben haben das Objektiv und das Okular beim Mikroskop? *(mittel)*

Weiterführende Aufgaben
M23

Weiteres

Komplexe Aufgaben

1. Die Spektralanalyse ist eine wichtige Methode, um die stoffliche Zusammensetzung lichtaussendender Objekte zu erforschen.
   a) Vom Licht einer Glühlampe werden ein Beugungsspektrum und ein Dispersionsspektrum erzeugt. Skizzieren Sie dazu je eine mögliche Experimentieranordnung und erklären Sie die Entstehung des jeweiligen Spektrums.
   b) Atomarer Wasserstoff wird unter vermindertem Druck in einem Gasentladungsröhrchen zum Leuchten gebracht und ein Spektrum des emittierten Lichtes erzeugt. Beschreiben Sie das erzeugte Spektrum und erklären Sie sein Zustandekommen mit Hilfe des Energieniveauschemas vom Wasserstoffatom.
   c) Berechnen Sie Frequenz und Wellenlänge einer der Spektrallinien, die im sichtbaren Bereich des Wasserstoffspektrums (zwischen 400 nm und 800 nm) liegt.
   d) Wasserstoff kann im Weltall durch Absorption von Photonen ionisiert werden.
   Berechnen Sie die Energie, die ein solches Photon mindestens haben muss.
   (schwer)

2. Im Innern der gezeichneten Kästen werden die von links einfallenden Lichtstrahlen abgelenkt. Zusammengehörige Strahlen sind in der gleichen Farbe gezeichnet.
   Welche in den Kästen versteckten Glaskörper bewirken diese Ablenkungen? *(schwer)*

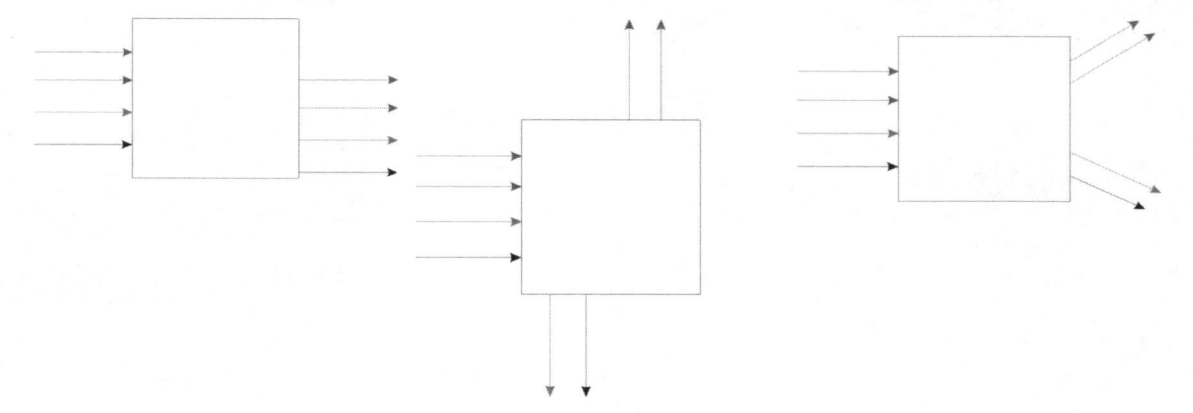

Seite 104